Monika Büchel (Hrsg.)

Friede kehrt ein

24 Weihnachtsgeschichten – mal besinnlich mal heiter

bibellesebund

ISBN 978-3-95568-001-5

Titelbild: Monropic/fotolia.de
Umschlaggestaltung: Julia Neudorf
Satz: Breklumer Print-Service, Breklum
Druck: Livonia Print, Lettland

Inhalt

Weihnachten ohne Jesus?

von Susanne Hornfischer

Der Junge war ihr vorher gar nicht aufgefallen.

Heute hatte sie aber auch besonders viel um die Ohren. Sie musste am Nachmittag ohne ihre Mitarbeiterin auskommen, und dann hatte jemand in der Mittagspause einfach mehrere Kartons mit Büchern und Haushaltsgegenständen vor die Tür des Trödelladens gestellt. Sie wusste erst nicht, wohin damit. Da hieß es als Erstes Platz schaffen, damit die Leute den Laden überhaupt betreten konnten. Sie freute sich ja über gespendete Sachen für den Tierschutzverein, aber einfach die Tür zu blockieren ... Nun standen die Kartons in den Gängen und es war kaum durchzukommen. Sie ärgerte sich und schimpfte murmelnd vor sich hin.

Und dann sah sie den Jungen. Er musste wohl schon eine Zeitlang im Gang gestanden haben. Am Boden um ihn herum hatte sich eine Pfütze vom getauten Schnee gebildet. Ganz verloren stand er da.

„Na, du", sprach sie ihn an, „kann ich was für dich tun? Willst du was kaufen?"

Der Junge, er mochte neun oder zehn Jahre alt sein, sah sie mit einem Blick an, der schwer zu deuten war. Las sie da Angst in seinen Augen oder war es nur Schüchternheit?

„Bist du allein hier?"

Der Junge warf einen kurzen Blick durch das vollgestopfte Schaufenster nach draußen. Direkt vor der Scheibe stand ein Mann, der in seine Richtung sah. Könnte sein Vater sein, dachte sie. Komisch, dass er nicht mit reingekommen ist.

„Also, wenn ich dir helfen kann, sag's mir. Ansonsten muss ich jetzt weitermachen. Du siehst ja, dass man sich hier kaum rühren kann."

Behalte die komische Frau da drüben im Auge, dachte sie noch. Die wühlt so auffällig unauffällig in der Schublade mit den Silberbestecken herum.

Wieder blickte der Junge an den Gemälden, Vasen und Wandtellern vorbei zu dem Mann auf der Straße, der offensichtlich frierend und unruhig mit den Füßen stampfend eine Handbewegung zu ihm hin machte.

„Ich heiße Johannes und will Ihnen was zurückgeben."

Der Junge griff in die Seitentasche seines Anoraks und zog etwas Kleines, in Küchenkrepp Eingewickeltes heraus. Mit einer raschen Bewegung drückte er es ihr in die Hand, drehte sich augenblicklich um, stieg flink und gewandt über die Kisten und Kartons und riss die Tür auf. Er zögerte kurz und rannte dann weg. Die mit allerlei Klimbim behängte Glastür schepperte und fiel krachend ins Schloss.

Durch die Scheibe sah sie, dass der Mann hinter dem Jungen herlief. Dann waren beide verschwunden.

Sie wickelte das Papierpäckchen vorsichtig, fast ein wenig ängstlich aus und starrte ratlos auf die kleine Figur aus Kunststoff in ihren Händen. Im nächsten Moment fiel ihr Frau Schneider ein, ihre Mitarbeiterin, die ihr gestern aufgeregt von einem Diebstahl erzählt hatte. „Stellen Sie sich nur diese Dreistigkeit vor: Man hat uns das Jesuskind geklaut!"

„Wie? Das Jesuskind geklaut?" Ihr Gesicht muss ein Fragezeichen gewesen sein.

Frau Schneider berichtete, jemand habe in der Weihnachtsecke des Ladens den Plastikdeckel einer Schachtel mit Krippenfiguren eingeritzt, aufgeklappt und zielsicher die Figur des Jesuskindes rausgefingert.

„Ist das nicht frech? Da können wir gleich die ganze Schachtel wegwerfen, die Krippenfiguren ohne das Jesuskind kauft keiner. Schade!" Ihre Mitarbeiterin war ärgerlich und traurig zugleich gewesen.

Und was hatte sie dazu gesagt? „Ja, da geb ich Ihnen Recht, die Figur sehen wir bestimmt nie wieder. Aber wissen Sie was? Schauen Sie mal her. Eigentlich fällt das doch kaum auf, finden Sie nicht? Die Vertiefung hier in der Krippe, ob die nun leer ist oder nicht ... Maria und Josef sind ja da und der Ochse und der Esel und hier die Hirten mit ihren Schafen und die drei Weisen mit ihren Geschenken. Lassen Sie das mal stehen, vielleicht kauft das doch noch jemand. Ist ja auch ganz billig. Ich glaube, das merkt gar keiner, dass da eigentlich was fehlt."

„Wenn Sie meinen ..." Mehr hatte ihre Mitarbeiterin nicht gesagt. Aber sie hatte genau gewusst, was Frau Schneider dachte und am liebsten auch geäußert hätte: Weihnachten ohne die Botschaft von Jesus, für mich wäre das undenkbar! Jesus ist doch unser Retter und das feiern wir an Weihnachten – oder so was Ähnliches. Aber ihr musste sie damit nicht kommen und das wusste die Schneider genau. Sie hielt nichts von dem frommen Getue um einen Heiland, der als Kind auf die Welt kommt und sich für die Menschheit opfert. Weihnachten, das ist das Fest der Liebe und der Familie, so sah sie die Sache. Natürlich gehörte an Heiligabend für manche Leute die Kirche dazu und das Lesen der Weihnachtsgeschichte und „O du fröhliche" und „Stille Nacht". Aber dann war es für die meisten auch abgehakt bis zum nächsten Jahr. Mit ihrem Alltag hatte das Ganze nichts zu tun. Ihr Mann nannte es „Folklore" und „romantisches Tralala". Schön anzusehen und angenehm im Gefühl, aber mehr nicht. Hauptsache, das Essen schmeckt, der Weihnachtsbaum steht gerade und die Kinder meckern nicht über ihre Geschenke. Deshalb war es ihr auch egal, ob in der Krippe nun eine Figur lag oder nicht.

Sie hatte den Klebefilm-Abroller geholt und ruckzuck die Einschnitte in der Schachtel geflickt. Die Beschädigung war kaum noch zu sehen. Und dass da was fehlte, auch nicht.

Und nun brachte doch tatsächlich einer die Figur zurück! Damit hätte sie nie gerechnet. Noch dazu ein Junge, der ganz ordentlich und manierlich aussah.

Sie war etwas aus der Fassung geraten und setzte sich auf den Stuhl hinter den Kassentisch.

„Was soll das hier kosten?" Die Kundin, die sie eigentlich hatte im Auge behalten wollen, legte eine schwarz angelaufene Zuckerzange vor sie hin.

„Fünf Euro, einverstanden? Die ist alt. Kann man nicht mehr nachkaufen."

„Gut, fünf Euro, die kriegen Sie. Gerne sogar! Genau so eine Zange hat mir noch gefehlt. Eigentlich hat man ja so was gar nicht mehr, aber ich bin noch vom alten Schlag, wissen Sie. Eine Zuckerzange muss sein, damit auf dem Kaffeetisch alles perfekt ist. Danke! Vielen Dank!" Die Kundin zählte fünf Euromünzen auf den Geldteller und steckte das Objekt ihres Glücks freudestrahlend ein. „Ich seh mich noch ein bisschen um, ja? Vielleicht finde ich ja noch so einen Schatz, wer weiß!"

Wieder schepperte die Tür, als jemand den Laden betrat. Sie erkannte sofort den Mann vom Gehsteig. Er hatte den Jungen im Schlepptau. Wie hieß er doch gleich? Johannes? Jetzt bin ich aber gespannt, dachte sie und griff nach der Figur, die sie neben der Kasse abgelegt hatte. Mit fragendem Blick hielt sie sie den beiden wortlos entgegen.

Der Junge schaute zu dem Mann auf. Der nickte ihm aufmunternd zu: „Nun mal los!"

Mit hochrotem Kopf trat der Junge einen kleinen Schritt vor und sagte leise: „Bitte entschuldigen Sie. Ich mach so was nie wieder. Es tut mir echt leid."

„Warst du das? Hast du das Jesuskind aus der Packung geholt?"

„Ja, weil ... das fehlte bei uns. Wir haben zu Hause die gleichen Figuren und irgendwann war das Jesuskind weg und Mama hat überall gesucht, und als ich die Figur hier in Ihrem Laden gesehen habe, dachte ich, ich brauch ja nur das Kind. Und weil ich auch kein Geld hatte ... Aber ich weiß, dass man das nicht darf, klauen. Tut mir wirklich leid, bitte entschuldigen Sie!"

Der Mann hatte ihn die ganze Zeit von der Seite angesehen und sagte nun leise: „Ist gut, Johannes. Jetzt ist es gut."

Der Junge sah sie fragend an. „Es ist doch gut, oder?"

„Ja, es ist gut. Ich nehme deine Entschuldigung an. Du hast wirklich Mut, Johannes. Das hast du gut gemacht – das Entschuldigen, nicht das Stehlen."

Sie wandte sich an den Mann. „Und Sie auch. Sie haben das auch gut gemacht, den Jungen zu begleiten, meine ich."

Und zu Johannes sagte sie noch: „Wollen wir das Jesuskind wieder an seinen Platz legen? Kommst du mit?"

Der Junge nickte mit gesenktem Kopf und sie gingen zu dritt in die Ecke mit dem Weihnachtsschmuck.

Johannes fand die Schachtel mit dem geklebten Deckel sofort, hob ihn vorsichtig hoch und legte die Figur fast andächtig in die Futterkrippe. „Da gehört er hin", hörte sie ihn leise sagen. „Weihnachten ohne Jesus, das geht ja gar nicht."

Weihnachten ohne Jesus, das geht ja gar nicht. Mit diesem Satz im Kopf fuhr sie nach Hause. Weihnachten ohne Jesus, das geht ja gar nicht. Mit diesem Satz im Kopf ging sie ins Bett, dieser Satz verfolgte sie, als sie nachts ein paar Mal aufwachte. Dieser Satz war auch am Morgen ihr erster Gedanke: Weihnachten ohne Jesus, das geht ja gar nicht.

Später im Laden lief sie als Erstes in die Weihnachtsecke, nahm die Schachtel mit den Krippenfiguren in ihre Hände und strich sacht über das Jesuskind. Dann gab sie sich einen Ruck und wandte sich an ihre Mitarbeiterin: „Frau Schneider, darf ich Sie in der Mittagspause zu einem Kaffee einladen? Ich möchte Sie mal was fragen ..."

Heilige Nacht im August

von Monika Büchel

Die Nachricht hatte uns aufgeschreckt, dass Opa das nächste Weihnachtsfest wohl nicht mehr erleben würde, das Fest, dem er noch immer mit kindlicher Freude, glänzenden Augen und großer Ungeduld entgegenfieberte.

Wenn sie sich am ersten Weihnachtstag als Familie trafen, hatte er es sich nie nehmen lassen, die Weihnachtsgeschichte aus seiner großen, abgegriffenen Bibel vorzulesen. Wir Erwachsenen kannten das und warteten gespannt auf einen bestimmten Satz. Wenn er an diese Stelle kam, atmete Opa noch einmal tief durch und las mit seiner festen, wohlklingenden Stimme: „Euch ist heute der Heiland geboren." Danach schwieg er eine Weile, bevor er fortfuhr. Sogar als die Enkelkinder noch jünger waren, lauschten sie Opa still. Irgendwie spürten sie, wie besonders der Augenblick und wie wichtig Opa dieser eine Satz war.

Ja, der Satz bedeutete ihm alles, denn das „Heute" war für ihn nicht nur jene eine Nacht, damals vor 2000 Jahren in Bethlehem. Nicht nur in jener Nacht hatte Gott es hell werden lassen. Nicht nur in jener Nacht hatte Gott den Beweis geliefert, uns ganz nah zu sein. Nicht nur in jener Nacht hatte Gott seine tiefe Liebe zu uns in Jesus gezeigt. Dieses „Heute" galt für Opa jeden neuen Tag, das ganze Leben lang. Auch an dem Tag, an dem er die Diagnose der unheilbaren Krankheit erhielt. Selbst da drang ein Lichtstrahl in die bevorstehende dunkle Zeit, weil Jesus, der Heiland, lebt und bei ihm sein würde, was auch immer geschieht. Das war Opas unerschütterlicher Glaube, weil er es tausendfach erlebt hatte.

Als wir uns einigermaßen von dem Schock erholt hatten, hielten wir Erwachsenen Familienrat bei Mutter. Meine unverheiratete Schwester war aus dem Norden angereist, meine Frau und ich kamen aus dem Nachbarort gefahren. Unser Vater lag zu der Zeit im Krankenhaus. Es war klar, dass die Betreuung zu Hause immer schwieriger werden würde und Mutter die Pflege bald nicht mehr bewältigen konnte. Klar war auch, dass die Schmerzen unseres Vaters zunehmen würden.

„Euer Vater ist sehr gefasst", sagte Mutter und wischte sich die Tränen vom Gesicht. „Ich wünschte, wir könnten ihm noch eine ganz große Freude machen, bevor alles noch schlimmer wird."

Wir überlegten hin und her, machten Vorschläge, die wir bald wieder verwarfen. Es musste ja nicht nur etwas sein, worüber er sich freute, sondern etwas, was zu Hause möglich war und Vater nicht zu sehr anstrengen würde. Aber was?

„Warum feiern wir nicht Weihnachten mit Vater?", schlug meine Schwester vor.

„Weihnachten im August? Mit Christbaum und so? Das geht doch nicht", sagte meine 10-jährige Tochter, als meine Frau unseren Mädchen davon erzählte.

Und die 14-Jährige meinte: „Da kommt doch gar keine Stimmung auf, mitten im Sommer. Da schmelzen ja die Kerzen am Baum."

Aber wir hielten an unserem Plan fest und feierten eine Woche später Weihnachten. Ich hatte – sehr zur Verwunderung meines Nachbarn – am Tag davor eine mittelgroße, gerade gewachsene Tanne im Garten gefällt, sie im Wohnzimmer meiner Eltern aufgestellt und mit meiner Frau und meinen Töchtern mit den üblichen Sternen und Kugeln und ausnahmsweise elektrischen Kerzen geschmückt. Darunter hatten wir die Krippe aus dem Erzgebirge aufgebaut. Was sonst ein ausgelassenes gemeinsames Unternehmen gewesen war, geschah diesmal eher traurig und still. Der Gedanke, dass Opa bald sterben würde, hatte uns bedrückt.

Opa war am Morgen aus dem Krankenhaus entlassen worden und lag seitdem blass in seinem Bett. Er wusste, dass wir alle zusammen am Nachmittag Kaffee trinken würden. Der eigentliche Anlass sollte eine Überraschung für ihn sein.

Als es so weit war, half ich meinem abgemagerten Vater aus dem Bett, setzte ihn in den Rollstuhl und legte eine leichte Decke über seine Beine.

„Danke, mein Junge!", sagte er nach Atem ringend, weil ihn die kleine Aktion angestrengt hatte.

Wie hinfällig der einst so tatkräftige Mann innerhalb weniger Monate geworden war! Ich spürte einen Kloß im Hals, als ich ihn über den Flur schob. Mutter stand bereits an der Wohnzimmertür und öffnete sie mit einem tapferen Lächeln. Ich fuhr meinen Vater in den verdunkelten Raum.

In der Zimmerecke leuchteten die Kerzen am Christbaum. Rechts und links daneben standen die restlichen Familienmitglieder und warteten gespannt auf die Reaktion von Opa. Von einer CD erklang ein Weihnachtslied. Wir hatten beschlossen, nicht selbst zu singen, weil wir nicht wussten, ob wir in Tränen ausbrechen würden.

Opa blinzelte mit den Augen und schaute sich ungläubig um.

„Opa, gefällt es dir, dass wir Weihnachten im Sommer feiern?", fragte meine 10-Jährige, als der letzte Ton von „O du fröhliche" verklungen war.

„Weil du Weihnachten so sehr liebst und das Fest im Dezember wohl nicht mehr mit uns feiern kannst ...", Mutter versagte die Stimme.

„... sondern mit Jesus im Himmel", ergänzte meine Schwester, „wollten wir es mit dir noch einmal zusammen feiern."

Opa nickte, zu überwältigt von der großen Freude, die wir ihm bescherten.

Dann setzten wir uns, tranken Kaffee und aßen die Weihnachtsplätzchen, die meine Schwester am Vorabend noch gebacken hatte, bevor sie sich am frühen Morgen wieder ins Auto setzte, um zu uns zu fahren.

Zugegeben: Das Zusammensein war nicht so fröhlich und ungezwungen wie am „richtigen" Heiligen Abend. Und „richtige" Weihnachtsstimmung kam auch nicht auf an diesem heißen Freitagnachmittag, während draußen die Vögel zwitscherten und betörender Rosenduft durch die Ritzen des heruntergelassenen Rollos strömte. Es gab auch keine Geschenke, außer dem einen Geschenk, das wir Opa mit dem Fest machten.

„Opa", sagte da mit einem Mal meine Frau, „mir fällt gerade ein, dass bei unserem Weihnachtsfest heute noch was Wesentliches fehlt."

„Ich weiß, was du meinst", sagte er und zu Mutter gewandt: „Hol mir bitte meine Bibel!"

Beinah ehrfurchtsvoll nahm Opa das alte Buch in die Hand, rückte sich im Rollstuhl zurecht und schlug den Evangelisten Lukas auf. Dann begann er zu lesen. Seine Stimme zitterte, als er die bekannten Worte vorlas. Doch als er zu seiner Lieblingsstelle kam, wurde sie wie gewohnt fest: „Euch ist heute der Heiland geboren." Opa hielt lange inne, zu bewegt, um weiterzulesen. Mutter drückte ihm zärtlich die Hand und las die restlichen Verse der Weihnachtsgeschichte vor.

Zwei Monate später starb Opa. Es war ein schwerer Abschied, und doch tröstete uns der Gedanke, dass für Opa nun jeden Tag Weihnachten war.

Anders als erwartet

von Ingrid Boller

„Hallo Heike, hier ist Gabi."

„Hallo Gabi, schön, dich zu hören! Wie geht es dir? Hast du deine Weihnachtsvorbereitungen schon abgeschlossen?"

„Danke, ich bin ganz gut vorangekommen. Aber es ist ja auch nicht mehr viel."

„Ja, das stimmt. Ich habe auch nur noch ein paar Kleinigkeiten zu besorgen, und übermorgen fahre ich schon nach Bayern zu den Kindern. Sie haben mich für die Weihnachtsfeiertage eingeladen. Ich freu mich so sehr darauf, vor allem auf mein Enkelkind."

„Ja, das kann ich gut verstehen. Dann bist du also Heiligabend gar nicht hier", schlussfolgerte Gabi.

„Nein, ich komme erst zwischen den Jahren wieder."

„Dann wünsche ich dir richtig schöne Feiertage!"

„Danke, ich dir auch! Tschüs!"

„Danke, tschüs!"

Mit einem leisen Seufzer drückte Gabi die rote Auflegetaste ihres Telefons, um das Gespräch zu beenden. Sie hatte vorgehabt, Heike für den Heiligabend zu sich einzuladen. Seit Gabis Mann vor einigen Jahren gestorben war, hatten sie ein paar Mal diesen Abend zusammen verbracht. Heikes Tochter, eine Ärztin, war mit einem Ingenieur verheiratet. Die beiden hatten drei Jahre als Entwicklungshelfer in Uganda verbracht. Im letzten Frühjahr waren sie zurückgekommen, und im Herbst war Heike Großmutter geworden. Gabi gönnte es der Freundin von Herzen, zumal Heike und ihr Mann sich schon vor Jahren getrennt hatten.

Gabi spürte, wie sich Wehmut und Einsamkeit in ihr ausbreiteten. Kai, ihr Sohn, war als Manager eines großen Konzerns beruflich sehr eingespannt. Ihre Schwiegertochter Katja arbeitete als Juristin in einer großen Kanzlei. Die beiden wollten über die Feiertage richtig ausspannen und waren vorgestern nach Thailand geflogen.

Für Gabi war es kaum vorstellbar, Weihnachten ganz woanders zu verbringen, schon gar nicht an einem Strand bei dreißig Grad im Schatten. Nein, am liebsten war sie zu Hause, ganz traditionell mit Christvesper, Weihnachtsbaum, Weihnachtsgans und den vertrauten Weihnachtsliedern. Vielleicht würde es sogar schneien. Aber sie konnte auch verstehen, dass Kai und Katja gern einmal die Möglichkeit eines solchen Urlaubs wahrnehmen wollten. Vielleicht, so dachte Gabi, planten die beiden ja Nachwuchs. Und dann wäre sowieso alles anders.

Verstand und Verständnis war die eine Sache, das Gefühl eine andere. Und das Gefühl drohte sie jetzt doch zu überwältigen. Nur mit Mühe konnte sie die Tränen hinunterschlucken. Wen könnte sie sonst einladen? Andrea und Frank bekamen Besuch von ihren erwachsenen Kindern. Sie hatten schon drei putzmuntere Enkel, die – wie Andrea sagte – alles ordentlich aufmischen würden. Gabi hatte sich nicht getraut zu fragen, ob sie mitfeiern dürfte, obwohl Andrea und ihr Mann sehr offen und gastfreundlich waren. Aber Gabi wollte auf keinen Fall Gefahr laufen, ein Fremdkörper zu sein. Deshalb kam das nicht in Frage.

Ob sie es mal bei Ute versuchte? 953871 – ja, die Nummer stimmte. „Ute Zimmermann“ stand im Display. Wenigstens auf ihr Gedächtnis konnte sich Gabi verlassen.

Tuuuut – tuuuut – tuuuut – tuuuut – quälend lang kam das Freizeichen. „Zurzeit ist niemand zu Hause. Bitte sprechen Sie Ihre Nachricht nach dem Signalton.“ Sogar die neutrale Stimme des Anrufbeantworters erschien Gabi unfreundlich. Wo steckte Ute bloß? Dann fiel ihr ein, dass die Kollegin am letzten Arbeitstag von einem Wellnesshotel erzählt hatte, wo sie mit Freunden die Feiertage verbringen wollte. Ein supergünstiges Angebot, hatte sie Gabi erzählt. Es wären auch noch ein paar Plätze frei. Ob Gabi nicht ...? Aber Gabi hatte dankend abgelehnt. Nein, das war nichts für sie.

Ihr fiel niemand mehr ein. Sie würde wohl den Heiligabend nach dem Gottesdienst allein verbringen müssen. „Lieber Gott, soll ich wirklich allein sein?“, betete sie laut.

Es half nichts. Energisch putzte sie sich die Nase. Bloß kein Selbstmitleid! Sie würde auch für sich allein ein schönes Essen kochen. Wo hatte sie nur das Rezept hingelegt, das sich so lecker anhörte und das sie ausprobieren wollte? Sie kramte in ihrer Zettelbox. Hier musste es doch irgendwo sein. Ein gelbes Blatt Papier war es gewesen ...

Ihre Suche wurde vom Klingeln ihres Telefons unterbrochen. „Guten Tag, Frau Heine, hier ist Katharina Schober vom CVJM Rechenberg. Ich habe eine Anfrage an Sie.“

Während Frau Schober munter drauflos redete, versuchte Gabi, rational pro und kontra abzuwägen und gleichzeitig ihre Emotionen zu sortieren. Seit einigen Jahren richtete der CVJM Rechenberg an Heiligabend eine Weihnachtsfeier für Bedürftige aus. Auch dieses Jahr liefen die Vorbereitungen auf Hochtouren. Ausgerechnet jetzt, so Frau Schober, waren einige Mitarbeiter wegen Grippe ausgefallen. Ausgeschlossen, dass sie in den paar Tagen, die noch bis zum Fest blieben, wieder auf die Beine kommen würden. Ob Gabi vielleicht aushelfen könnte? Es wäre immer ein besonderes Erlebnis für die Mitarbeiter, auch wenn viele zunächst skeptisch seien. Frau Schober klang sehr enthusiastisch.

„Wie kommen Sie denn auf mich?", erkundigte sich Gabi etwas ratlos, weil sie nicht wusste, wie sie reagieren sollte.

„Haben Sie nicht letztes Jahr bei unserem Sommerfest geholfen? Wir hatten eine Liste ausgelegt, wo sich jeder eintragen konnte, der grundsätzlich bereit wäre, bei besonderen Aktionen zu helfen. Ich nehme an, Sie haben sich mit Ihrer Telefonnummer eingetragen – zumindest sieht es so aus."

In Gabi arbeitete es fieberhaft. Ja, sie hatte sich in diese Liste eingetragen, jetzt fiel es ihr wieder ein. Aber sie hatte nicht im Traum daran gedacht, ausgerechnet an Heiligabend zu helfen. Das war schon ein spezieller Abend – und dann mit wildfremden Menschen, die wahrscheinlich so ganz anders waren. Sie hatte gehört, dass nicht nur bedürftige Familien aus der Weststadt, die bekannt war für einen hohen Anteil an Arbeitslosen, die Weihnachtsfeier des CVJM besuchten, sondern auch viele Obdachlose. Ob das ihre Nase verkraften würde? Natürlich waren die vor allem auf ein gutes Essen und die Geschenke aus, für die biblische Botschaft interessierten die sich weniger – da war sich Gabi sicher. Wie konnte sie nur diese Anfrage ablehnen, ohne zu lügen oder intolerant zu erscheinen?

„Frau Schober, das kommt sehr überraschend. Ich brauche etwas Bedenkzeit. Reicht es Ihnen, wenn ich Sie heute Abend zurückrufe?"

„Selbstverständlich. Ich würde mich sehr freuen, wenn Sie einspringen könnten. Dann bis heute Abend."

Jetzt brauchte sie erst einmal eine Tasse Tee. Während Gabi sich einen „Wintertraum" aufbrühte, legte sich der Aufruhr in ihrem Innern etwas. Eben noch hatte sie ein Stoßgebet zum Himmel geschickt. War das die Antwort? Nein, das konnte nicht sein! Gott wusste doch, wie wichtig ihr Traditionen waren. Aber war das wirklich wichtig? Ging es nicht um etwas anderes? Sie schämte sich ein bisschen, als ihr klar wurde, dass sie den Bedürftigen unterstellt hatte, es ginge ihnen nicht um die biblische Botschaft, gerade sie, die Traditionen so wichtig nahm.

Frau Schober war hoch erfreut, als sie erfuhr, dass Gabi bei der Weihnachtsfeier helfen würde. Es würde nichts Kompliziertes sein. Gabi sollte nur beim Servieren des Essens und beim Austeilen der Geschenke helfen.

Pünktlich um 18 Uhr betrat Gabi an Heiligabend das CVJM-Haus. Der Geruch von Essen lag in der Luft. Einige Gäste hatten sich schon eingefunden. In der Küche fand sie Katharina Schober, die einen großen Kochlöffel schwang. „Das ist klasse, dass Sie helfen. Würden Sie nachher das Gemüse in die Schüsseln dort füllen und auf die Tische drüben verteilen?"

Während Frau Schober und Gabi zusammen mit vier anderen Frauen und Männern Rotkraut, Gulasch und Nudeln austeilten, füllte sich der Saal mit einer bunten Gruppe von Menschen. Verstohlen musterte Gabi die Besucher. Eben betrat eine Familie mit mehreren Kindern den Raum. Das jüngste Mädchen bekam große Augen, als sie die vielen Kerzen, Strohsterne und Tannenzweige sah, mit denen die Tische geschmückt worden waren. Beim Anblick des Weihnachtsbaumes in der Ecke, an dem viele rote Kugeln, Schleifen und eine lange Lichterkette hingen, breitete sich ein glückliches Lächeln auf ihrem Gesicht aus.

„Kann ich mich hier hinsetzen?" Gabis Beobachtungen wurden von der Frage eines offensichtlich Obdachlosen unterbrochen. Der Mann roch streng nach Schweiß und Alkohol, was Gabis empfindliche Nase sofort registrierte. Aber sie riss sich zusammen und schob den Stuhl zurecht, sodass der Mann seine wenigen Habseligkeiten verstauen konnte.

Inzwischen hatte sich der Raum bis auf den letzten Platz gefüllt. Christian Koller, der Leiter des CVJM, begrüßte die Gäste, sprach das Tischgebet und wünschte einen guten Appetit.

Als alle Schüsseln und Teller geleert und die Tische abgeräumt waren, begann Koller mit der Andacht.

„Liebe Gäste, an Weihnachten feiern wir, dass Gott seinen Sohn zu uns als Baby auf die Erde geschickt hat. Damit ist alles anders ..." Kurz, prägnant und verständlich brachte der Leiter die Weihnachtsbotschaft auf den Punkt.

Alles anders ... Gabi blieb mit ihren Gedanken an diesem Satz hängen. Ja, dieses Jahr war alles anders. So hatte sie den Weihnachtsabend noch nie verbracht. Ohne einen vertrauten Menschen, dafür unter lauter Fremden, ohne ein ruhiges, stilvolles Weihnachtsessen in ihrem geschmackvoll dekorierten Zuhause, dafür in einem eher nüchternen Saal. Verstohlen sah sie sich um. Die Aufmerksamkeit der meisten Gäste war ganz auf Koller ausgerichtet. Nur hier und da quengelte ein Kind, oder es führte jemand Selbstgespräche.

„Deshalb, liebe Freunde, hat Gott uns mit Jesus, seinem Sohn, das größte Geschenk gemacht, das überhaupt möglich ist." Mit diesen Worten beendete Christian Koller seine Andacht und sprach ein abschließendes Gebet.

Nun wurden die Geschenke ausgeteilt. Es waren überwiegend praktische Dinge des täglichen Bedarfs, die von Bürgern des Ortes und Mitgliedern des CVJM gespendet worden waren. Für die Kinder waren Stofftiere, Spielzeugautos, Bücher und Puppen liebevoll verpackt worden. Ein kleines Mädchen hatte gerade einen weichen Teddy ausgepackt. Ihre Augen wurden ganz groß. Sie stieß einen Freudenschrei aus und drückte ihn fest an sich, als wollte sie ihn nie mehr loslassen. Währenddessen probierte ihr Bruder, wie weit sein Auto mit dem Rückzugantrieb fahren konnte. Am Nachbartisch freute sich eine alte Frau über das Päckchen Kaffee, die Schachtel Tee und das Glas Honig, das ihr einer der Helfer überreicht hatte. Eine warme, freudige Atmosphäre erfüllte den Raum.

Alles anders ... Gabi hatte plötzlich wieder Christian Kollers Worte im Kopf. Auch ihre Vorstellungen von den Gästen, von diesem Abend waren ganz anders gewesen. Voller Vorurteile war sie hergekommen. Sie war überzeugt gewesen, dass es den Leuten doch nur um ein gutes Essen und die Geschenke ging. Sicher waren das für viele auch die überzeugenden Gründe. Aber sie spürte, dass da noch viel mehr war. Die Menschen erlebten, dass sie akzeptiert wurden und man ihnen freundlich begegnete. Sie suchten Gemeinschaft und Frieden und machten hier eine völlig andere

Erfahrung als in ihrem Alltag. Damit wurde die Weihnachtsbotschaft für sie greifbar.

Und sie selbst? Eigentlich war es genau das, was auch sie brauchte und gesucht hatte: Gemeinschaft, Annahme, Freundlichkeit – so, wie jeder Mensch. In Gabi stieg ein unerwartetes Glücksgefühl auf: Gott war gekommen – überraschend anders, aber deutlich greifbar.

Die Weihnachtspredigt eines Neugeborenen

von Karin Baltensperger

Jana lehnt sich in die Kissen ihres Bettes auf der Entbindungsstation zurück und schließt die Augen. Ihre Gefühle gleichen einem Wechselbad: mal ist sie überglücklich, mal tieftraurig. Ein paar Tränen kullern über ihre Wangen. Heute Nachmittag hat sie ihren Mann bestürmt, nach dem Kidstreff mit den Mädchen zu den Großeltern zu fahren und dort Weihnachten zu feiern. Wie jedes Jahr. „Es ist wichtig für sie", hat sie ihm erklärt. Schließlich hat er eingewilligt.

Wenn nur heute nicht der 24. Dezember wäre! Jana versucht sich zum hundertsten Mal einzureden, dass das ein ganz normaler Tag sei, doch ihre Gefühle strafen sie Lügen. Sie fühlt sich einsam und allein. Allein? Sie öffnet die Augen und schaut auf das schlafende Kind in ihrem Arm. „Ich bin doch nicht allein. Es ist so schön, dass du da bist, mein Schatz! Du unser ganz besonderes Weihnachtsgeschenk", murmelt sie. Sie nimmt das kleine Wesen hoch, gibt ihm sanft einen Kuss auf die Stirn und legt es auf ihre Brust. Eine Weile lauscht sie seinem Atem. Die Ruhe, die das Baby ausstrahlt, ist Balsam für Janas aufgewühlte Seele.

Draußen wird es langsam dunkel. Janas Gedanken ziehen zu ihren Lieben. Nun sitzen sie sicher zusammen, singen Lieder, erzählen eine Geschichte und freuen sich an den Geschenken. Voller Sehnsucht denkt sie an ihre zwei Mädchen und ihren Mann. Da sie Jana heißt und Hannes eigentlich Johannes, war für sie klar, dass die Namen ihrer Kinder auch mit J beginnen sollten. Vor sechs Jahren kam Jael zur Welt, zwei Jahre später Jamina.

An jedem anderen Tag ist es einfacher, ohne die Familie im Krankenhaus zu sein, denkt Jana und wischt sich einige neue Tränen vom Gesicht. Wenn nur heute nicht gerade Heiligabend wäre ...

Jana freute sich riesig, als sie bemerkte, dass sie wieder schwanger war. Endlich kündigte sich das dritte ersehnte Kind an. Nur dass der Geburtstermin um Weihnachten herum sein würde, dämpfte vorübergehend ihre Freude. Der errechnete Tag war der 20. Dezember. Jana war beruhigt. Beide Mädchen waren vor dem Geburtstermin auf die Welt gekommen. So könnte sie bis Weihnachten bereits wieder zu Hause sein.

Doch sie hatte die Rechnung ohne ihr jüngstes Kind gemacht: Am 20. Dezember war sie nicht wieder, sondern noch immer zu Hause. Nun begann Jana zu beten, dass das Baby nach Weihnachten zur Welt kommen würde. Als dann am späten Abend des 23. Dezembers die Wehen einsetzten, war sie richtig frustriert. Hannes rief die Großeltern an, damit sie die Nacht bei den Mädchen verbrachten. Dann fuhr er Jana ins Krankenhaus.

Zuerst ging alles gut. Doch kurz nach Mitternacht fielen die Herztöne des Kindes bei jeder Wehe ab. Jetzt musste rasch gehandelt werden. Die Ärzte entschieden sich für einen Not-Kaiserschnitt und Jana wurde in Windeseile in den OP gebracht.

Nicht lange danach erblickte Jonathan das Licht der Welt. Er hatte die Nabelschnur um den Hals gewickelt. Es war ein großes Geschenk, dass die Ärzte schnell reagiert hatten, sonst hätte der Sauerstoffmangel schlimme Folgen haben können. So wurde Jonathan zum doppelten Geschenk.

Am frühen Nachmittag kam Hannes mit den Mädchen, damit sie ihren Bruder kennenlernen konnten. Jael hielt Jonathan im Arm und betrachtete ihn lange. Plötzlich fragte sie: „Warum nennen wir ihn nicht Jesus, wenn er doch an Weihnachten auf die Welt gekommen ist? Jesus beginnt doch auch mit J." Jana und Hannes schmunzelten.

Jamina erklärte energisch. „Es gibt nur einen Jesus. Diesen Namen hat niemand sonst."

„Da irrst du dich", erwiderte Hannes. „In Spanien zum Beispiel kommt dieser Name heute noch vor. Doch für uns gibt es nur einen Jesus, da hast du recht. Deshalb haben wir einen anderen Namen für unseren Jungen ausgesucht. Jonathan bedeutet: ‚ein Geschenk von Gott.' Dieser Name passt also auch zu Weihnachten."

Die Mädchen waren gar nicht damit einverstanden, dass Mami und Jonathan im Krankenhaus bleiben mussten, anstatt mit ihnen und den Großeltern Weihnachten zu feiern. Hannes versprach, dass sie morgen wiederkommen und nochmals Weihnachten feiern würden und schlug vor, zu Hause eine Überraschung dafür vorzubereiten. Sicher würden auch die Großeltern mitkommen, um ihr neues Enkelkind zu bestaunen. Dann waren sie widerwillig gegangen und ließen Jana mit Jonathan allein.

Morgen. Jana freut sich darauf, doch heute Abend spürt sie die Einsamkeit mehr als sie gedacht hätte und als ihr lieb wäre. Sie schaut wieder auf das Kind auf ihrer Brust. Du, mein Geschenk Gottes, wie bin ich froh, dass letzten Endes alles gut gegangen ist, denkt sie. Wie sich wohl Maria und Josef vor mehr als 2000 Jahren gefühlt haben mochten, als Jesus in dem Stall zur Welt kam?, sinniert sie weiter. Vielleicht durchlebte Maria auch ein Wechselbad der Gefühle: auf der einen Seite große Dankbarkeit über die Geburt des Heilandes, auf der anderen tiefen Schmerz über diesen unwürdigen Geburtsort. Da habe ich es doch viel besser. Ich bin zwar ohne einen Großteil meiner Familie, liege aber in einem bequemen Bett in einem warmen Zimmer, nicht auf einem Strohlager in einem schmutzigen, stinkenden und kalten Stall.

Wie beschwerlich das wohl alles war, überlegt Jana weiter. Kurz vor der Geburt musste Maria ja noch eine lange Reise von Nazareth nach Bethlehem machen. Wie musste das gewesen sein, hochschwanger tagelang auf einem Esel zu reiten? Und dann fand Josef in Bethlehem keinen anderen Ort für sie als einen Stall – ohne fließendes Wasser, ohne elektrisches Licht, ohne Hebamme, ohne Ärzte. Wie schafft man das nur, unter solchen Umständen alleine ein Kind zur Welt zu bringen?

Und dann durchzuckt Jana plötzlich ein schrecklicher Gedanke: Hätte ich damals Jonathan zur Welt bringen müssen, wäre er wahrscheinlich gestorben und ich vielleicht mit ihm. Still liegt Jana im Bett und schaut auf das friedlich schlafende Kind. Wie gut, dass Gott damals über der Geburt seines Sohnes gewacht hat, denkt sie weiter. Dass er und Maria die Geburt gut überstanden haben und Jesus gesund zur Welt gekommen ist. Dass Gott in Jesus sein Versprechen eingelöst hat, den Retter der Welt zu schicken. Dass er in Jesus offenbart hat, wie viel ihm an uns Menschen liegt.

Sie drückt Jonathan an sich und flüstert: „Danke, mein kleiner Schatz, für diese Weihnachtspredigt." Dann stimmt sie leise einige Weihnachtslieder an und stellt sich vor, wie Tausende von Engeln mitsingen aus Freude über die Geburt von Jesus. Glücklich lächelnd döst sie ein.

Hoher Besuch

von Susanne Hornfischer

Fast jeden Nachmittag ging Ulrike zum Spielen und Erzählen zu Opa Hans ein Stockwerk tiefer. Bei ihm war es nicht so hektisch wie bei ihren Eltern, die gerade jetzt im Advent alle Hände voll in ihrem Geschäft zu tun hatten. Ulrike fühlte sich wohl in Opas gemütlichem Zimmer mit dem Kachelofen und den alten Bildern und Fotos an den Wänden. Sie hatte ihren Opa besonders gern. Er nahm sich immer Zeit für seine jüngste Enkelin, und im Erzählen war er ein Meister.

Eines Tages, als Ulrike ihn besuchte, brachte sie ihm einen Brief mit.

„Opa, der Postbote hat eben diesen Einschreibbrief vom Rechtsanwalt für dich gebracht. Du sollst hier unterschreiben." Sie reichte Opa mit dem Brief ein kleines Blatt Papier und einen Kugelschreiber. Opa kramte umständlich seine Brille aus der Hemdentasche, klappte die Brillenbügel aus und schob sie sich rechts und links über die Ohren.

„Zeig mal her! Wo soll ich meinen Willem hinsetzen? Ach, hier!" Opa kritzelte seinen Namen aufs Papier und gab es Ulrike zurück. Flink ging sie zur Haustür, wo der Postbote auf die Unterschrift wartete.

Als Ulrike wieder ins Zimmer kam, stand Opa am Fenster und las den Brief. Ulrike setzte sich still auf die Ofenbank und beobachtete Opas Gesicht. Gute Nachrichten waren es anscheinend nicht, die er bekommen hatte, denn er schüttelte beim Lesen immer wieder den Kopf und sein Gesicht war sorgenvoll. Ulrike wollte gern fragen, was in dem Brief stand, aber sie sagte lieber nichts. Ob es bei dem Schreiben um Onkel Richard ging? Ulrike wusste, dass Opa und sein um sechs Jahre jüngerer Bruder seit einiger Zeit völlig zerstritten waren. Nicht mal Onkel Richards 80. Geburtstag hatte Opa mitgefeiert. Er hatte etwas von „zu viel Arbeit" gebrummelt und war einfach zu Hause geblieben. Dabei wohnte Onkel Richard gleich nebenan.

Schließlich faltete Opa den Briefbogen zusammen, steckte ihn ins Kuvert zurück und legte ihn in die unterste Schreibtischschublade.

„Opa", sagte Ulrike, „du heißt doch Hans."

„Hans Heinrich, wenn du es genau wissen willst“, antwortete Opa und ließ sich schwerfällig in seinem Sessel nieder.

„Du hast aber eben was von Willem gesagt und das versteh ich nicht. Willem heißt das Pferd von Bauer Harder, aber du doch nicht.“

Opa schmunzelte. „Weißt du, als ich Kind war, gab es in Deutschland einen Kaiser, der hieß Wilhelm der Zweite. Vor ihm hatte es schon einmal einen Kaiser gegeben, der auch Wilhelm hieß. Das war sein Großvater, Kaiser Wilhelm der Erste. Bauer Harders Vater hat den Kaiser verehrt und deshalb sein tüchtigstes Pferd Willem genannt, Willem zwo. So nannten die Leute den Kaiser damals. Aber nur, wenn sie unter sich waren. Seitdem heißt bei Harders immer ein Pferd Willem.“

Ulrike ließ nicht locker. „Und was hat das mit deiner Unterschrift zu tun?“

„Der Kaiser hat ganz viel zu tun gehabt. Wenn er in seinem Schloss in Berlin war, hat er Gesetze gemacht und musste viele Dokumente, Urkunden und Briefe unterzeichnen. Was, meinst du, hat er da geschrieben?“

„Seinen Namen“, antwortete Ulrike. „Wilhelm.“

„Siehst du, und deshalb sagt man seitdem manchmal ‚seinen Willem druntersetzen‘, wenn man etwas unterschreibt.“

„Ach so!“ Ulrike überlegte einen Moment. „Bitte, Opa, erzähl doch noch was aus der Zeit, als du klein warst. Ich hör die Geschichten so gern. Hast du den Kaiser mal gesehen?“

Opa nahm die Brille ab, legte sie vor sich auf den Tisch und rieb sich die Augen. „Da muss ich mal ganz tief in meinem Gedächtnis graben, dass ich dir das alles richtig erzähle von damals. Ich hab ihn nämlich wirklich mal gesehen, den Kaiser.“

Opa rückte in seinem großen breiten Sessel etwas zur Seite und klopfte mit der flachen Hand neben sich aufs Polster. „Komm her zu mir, wir machen es uns jetzt ganz gemütlich und gehen auf Reisen in meine Kindheit.“ Ulrike huschte zu Opa und kuschelte sich an ihn.

„Das muss 1913 gewesen sein. Jedenfalls vor dem Ersten Weltkrieg. Ich war damals fünf oder sechs Jahre alt. Eine neue Schule war gebaut worden, und die sollte Kaiser-Wilhelm-Schule heißen.“

„Warum?“ Ulrike hob den Kopf und sah Opa an.

„Weil der Kaiser ein bedeutender Mann war, die höchste Person in unserem Land, und vielleicht auch, weil man hoffte, dass er selbst kommen würde, um die Schule einzuweihen.“

„Und er ist gekommen, stimmt's?" Ulrike machte große Augen.

„Ja, er ist wirklich gekommen. Das war eine Aufregung in unserer Stadt! Alle redeten nur noch vom bevorstehenden Besuch des Kaisers. Ich weiß noch genau, dass die Leute wie verrückt damit beschäftigt waren, die Stadt herauszuputzen. Überall wurde gebaut und ausgebessert, Straßen neu gepflastert, Zäune frisch gestrichen und in den Gärten das kleinste Unkraut gejätet. Die Menschen dachten wohl, der Kaiser würde jedes Gemüsebeet und alle Hinterhöfe besichtigen." Opa lachte. „Die Gesangsvereine und Blaskapellen übten, was das Zeug hielt, um dem Kaiser ein Ständchen zu bringen. Mein Großvater putzte damals seine Stiefel so sehr, dass er sich in dem glänzenden Leder spiegeln konnte. Jedenfalls behauptete das meine Oma. Das ganze Städtchen wollte den besten Eindruck auf seinen hohen Herrn machen. Er sollte zufrieden mit seinem Volk sein. Meine Eltern hatten ja schon die Gärtnerei, die deinen Eltern jetzt gehört. Damals war sie noch nicht so groß, aber bei uns blühte alles in Hülle und Fülle, und die Leute kauften Blumen und Pflanzen, um ihre Häuser und Vorgärten zu schmücken. Vater machte ein sehr gutes Geschäft mit den Vorbereitungen auf den Kaiser und meine Tante Lene verkaufte in ihrem Textilgeschäft viele Meter Stoff, weil jeder Hausbesitzer eine Fahne aus seinem Fenster hängen wollte. Sogar die Straßen wurden mit Wasser besprengt, damit es nicht staubte. Der Sommer war nämlich besonders heiß und trocken. Du musst wissen, damals gab es noch keine Asphaltstraßen. Es gab auch noch fast keine Autos. S. M. kam mit einem Sonderzug der Eisenbahn."

„S. M.?", fragte Ulrike.

„Seine Majestät, der Kaiser. So sagte mein Großvater immer ganz respektvoll. Der hatte als Soldat für den ersten Wilhelm gekämpft und war darauf ganz stolz. Also: S. M. stieg vor dem festlich dekorierten Bahnhofsgebäude in eine Kutsche und fuhr ein paar Straßen weiter zum Marktplatz. Da war unsere neue Schule. Und da habe ich ihn dann gesehen."

„In echt? Wie sah der denn aus? Bestimmt groß und schön. Hatte er eine Krone aus Gold auf? Und einen weißen Pelzmantel an?" Ulrike wollte alles ganz genau wissen.

„Einen Hermelinmantel meinst du. Nein, er hatte eine blaue Uniform an wie die Offiziere, die bei ihm waren. Dass er der Kaiser war, sah ich nur daran, dass sich der Bürgermeister und alle Oberen der

Stadt vor ihm verbeugten. Er trug auch keine Krone. Er war nicht mal groß und stattlich. Ich war enttäuscht, weil ich ihn mir so wie du vorgestellt hatte, so mit Glanz und Gloria und allem. Aber er war einfach ein vornehmer Herr mit einem gezwirbelten Schnurrbart wie ihn auch unser Nachbar trug. Sein linker Arm sah irgendwie seltsam aus, als wenn er zu kurz geraten wäre. Abends erzählte mir meine Mutter, dass der Kaiser einen gelähmten Arm hat, weil bei seiner Geburt etwas schiefgegangen war."

„Wie bei Jürgen von nebenan", meinte Ulrike, „der ist deshalb auch behindert. Aber erzähl weiter, Opa."

Doch zuerst riss Opa ein Streichholz an und entzündete die vier Kerzen am Adventskranz. Warm schien das Licht durch die Stube, in der die beiden saßen und ganz in die Zeit vor vielen Jahrzehnten versunken waren.

„Als dann die Blaskapelle spielte, drängte sich einfach ein dicker Mann vor mich und meine Mutter, und vorbei war es mit unserer Aussicht auf den Kaiser. Zur Einweihung der Schule gingen wir dann nicht mehr, meine Mutter musste wieder nach Hause zum Arbeiten, und mir war die festliche Stimmung ganz vergangen. Mein herrlicher Kaiser war ein ganz normaler Mensch. Einer mit einem verkrüppelten Arm. Für seine Behinderung konnte er natürlich nichts, aber wenigstens eine Krone oder ein Zepter hätte er doch tragen können! Er sah so ähnlich aus wie der Direktor des Gymnasiums, der neben uns wohnte. Und für den Empfang dieses Mannes hatte sich die ganze Stadt seit Wochen auf den Kopf gestellt und abgerackert! Ich glaube, ich habe sogar geheult vor lauter Enttäuschung."

Ulrike schaute Opa an. „Aber bei Jesus war das ganz anders!"

„Wie kommst du jetzt auf Jesus?"

„Die Leute haben ihn überhaupt nicht erwartet und auch nicht erkannt, als er kam. Ein Kaiser war er nicht, aber ein König, das war er." Ulrike sah versonnen auf die Kerzen. „Nicht mal der König Herodes hat sich auf ihn vorbereitet und sein Schloss geschmückt oder Blumen gepflanzt oder Fahnen aufgehängt. Als die Weisen aus dem Morgenland zu ihm kamen, hatte er von nichts eine Ahnung gehabt."

„Du kennst dich ja gut aus, Kind!" Opa staunte. „Red mal weiter. Jetzt bist du dran mit Erzählen."

Ulrike setzte sich im Sessel auf. „Herodes musste erst seine Ratgeber fragen, ob sie was davon wissen, dass irgendwo ein neuer König geboren worden ist. Die haben dann nachgeguckt und tatsächlich in der Bibel eine Stelle gefunden, dass der König aus Bethlehem kommen wird. Aber Herodes ist da nicht hingegangen, um den König zu empfangen, weil er ihn nämlich gar nicht haben wollte. Er dachte: Hier gibt es nur einen König – und das bin ich! Wozu brauchen wir einen anderen? Seine Soldaten mussten alle kleinen Jungen in Bethlehem und Umgebung umbringen, damit Jesus ihm nicht gefährlich werden konnte, wenn der mal groß sein würde. Aber da waren Maria und Josef schon mit dem kleinen Jesus nach Ägypten geflüchtet. Opa, glaubst du, dass Jesus dem Herodes das Schloss und alle Schätze wegnehmen wollte?"

„Nein, Kind. Jesus wollte etwas ganz anderes. Das siehst du schon daran, dass er, der doch der Sohn von Gott war, als Baby zur Welt kam, klein, ganz unscheinbar und armselig. Denk nur an die Futterkrippe. Die Reichtümer und alles, um das Herodes Angst hatte, interessierten ihn gar nicht. Jesus wollte, dass die Menschen wieder auf Gott hören und ihn zum König ihres Lebens machen. Sie sollten nicht bloß ihre Straßen kehren und ihre Häuser renovieren, sondern in ihren Herzen aufräumen."

Ulrike seufzte. Aufräumen war nicht ihre Stärke und sie hörte das Wort gar nicht gern.

„Aufräumen ist blöd, Opa. Kaum ist man fertig, schon ist die Unordnung wieder da. Da kann ich doch gleich alles so lassen, wie es ist."

„Dein Zimmer meine ich jetzt nicht, Ulrike. Wir müssen aus unserem Inneren den ganzen Müll rauswerfen und alles in Ordnung bringen, was Gott nicht gefällt. Weil wir das alleine nicht können, hilft uns Jesus dabei. Das ist so ähnlich, als wenn der Kaiser damals selbst bei den Vorbereitungen für seinen Besuch mitgeholfen hätte. Unvorstellbar, aber bei Jesus ist das so, weil er ganz anders ist als alle Kaiser und Könige. Wer ihm sein Leben anvertraut, dem hilft er beim Saubermachen und Aufräumen innen drin. Das nennt man Vergebung. Jesus nimmt allen Zorn und Streit und alle Rechthaberei weg und was ein Mensch noch so alles bei sich findet, was nicht gut ist."

Opa stand auf, ging zum Schreibtisch und zog die unterste Schublade auf. Dann stand er einige Zeit davor und blickte hinein. Schließlich nahm er den Brief heraus, wog ihn in der Hand und sagte schließlich zu Ulrike: „Geh du jetzt mal in dein Zimmer rauf und räum auf. Deine Mutter wird sich freuen, und du findest dann deine

Sachen wieder besser. Ich gehe zu Onkel Richard und bringe auch etwas in Ordnung. Eigentlich wollte ich heute noch den Weihnachtsbaum in den Ständer einpassen, aber ein Gespräch mit Onkel Richard ist jetzt wichtiger."

So kam es, dass Ulrikes Zimmer am Weihnachtsmorgen in schönster Ordnung erstrahlte. Aber das Strahlen auf den Gesichtern der ganzen Familie war noch schöner, weil Opa sich endlich mit Onkel Richard versöhnt hatte. Nun prosteten sich die beiden fröhlich über der Weihnachtsgans zu und stießen auf den längst verstorbenen Kaiser an.

„Hoch lebe Seine Majestät!", rief Onkel Richard in die Runde. Opa stand auf, erhob sein Weinglas und erwiderte: „Und hoch lebe Jesus, unser König. Er ist der Größte!"

Stille Nacht auf dem Meer

von Monika Büchel

Ich genoss die Ruhe, den sanften Wind und die salzhaltige Luft am frühen Morgen auf dem Deck des Kreuzfahrtschiffes und rekelte mich zufrieden im Liegestuhl, fest in eine dicke Decke gehüllt. Über mir die Sterne, die mehr und mehr verblassten. Unter mir die endlose Tiefe des Atlantiks. Es war der 23. Dezember.

Genau so hatte ich mir meinen Weihnachtsurlaub vorgestellt: keine Verpflichtungen, keine Anrufe, keine Festtagsvorbereitungen. Einfach nur Ruhe und Frieden. Und Weihnachten mal ganz anders feiern: allein, ohne eine Menschenseele, die was von mir wollte.

Die letzte Woche hatte ich Frühdienst im Krankenhaus und meine innere Uhr war noch auf das zeitige Aufstehen eingestellt. Deshalb war ich an Deck gegangen. Ich liebte meine Arbeit und war mit Haut und Haaren Krankenschwester. Aber die 32 Berufsjahre hatten Spuren hinterlassen.

Das Leid mancher Patienten ging mir noch immer sehr ans Herz. Ich litt, wenn ich Verbände wechseln musste, die für den Kranken mit vielen Schmerzen verbunden waren. Mir war zum Heulen zumute, wenn ich wusste, dass die Lebenstage einer jungen Mutter gezählt waren, die mich so hoffnungsvoll anblickte.

Auf der anderen Seite wollte ich nicht gefühlskalt werden und jede menschliche Regung unterdrücken. Ich wollte nicht nachlassen, hin und wieder ein tröstendes Wort zu sprechen, mitfühlend über einen Arm zu streichen und sogar mit einem Patienten zu beten, wenn er das wollte.

Schluss jetzt, ermahnte ich mich. Du bist im Urlaub. Ich sah auf die Uhr. Noch eine Stunde bis zur Morgengymnastik mit dem lustigen Physiotherapeuten.

Als ich später frisch geduscht am reichhaltigen Frühstücks-Buffet entlangging und allerlei Köstlichkeiten auf meinen Teller türmte, trat eine Dame neben mich, die ich schon einige Male gesehen hatte. Sie war mir unsympathisch. Die rundliche ältere Frau schien in ihrer extravaganten Garderobe immer wie aus dem Ei gepellt. Jedes Härchen ihrer Frisur lag an der richtigen Stelle. In ihrem faltigen

Gesicht prangten knallrote unnatürlich breite Lippen, die wohl frisch aufgespritzt waren. Rechts und links davon klimperten lange goldene Ohrringe, die nur noch von ihrem Geschmeide um ihren Hals übertroffen wurden. Diese Frau war offensichtlich darauf aus, überall aufzufallen.

„Guten Morgen", sagte sie und ein Schwall von blumigem Parfum attackierte meine Nase. „Das wird heute wieder ein herrlicher Tag, finden Sie nicht auch?", heischte sie nach Zustimmung.

„Ja, die Wettervorhersage verspricht einen sonnigen Tag", gab ich zurück.

„Ist das Ihre erste Kreuzfahrt?"

„Ja, ist es!", antwortete ich knapp.

„Ich kann meine schon gar nicht mehr zählen", fuhr sie fort. „Seit Jahren mache ich zweimal im Jahr eine Kreuzfahrt. Es gibt wohl kaum einen Hafen auf dieser Welt, den ich nicht kenne.

Ich verkniff mir die Frage, wo es ihr denn am besten gefallen hätte, um die Frau nicht weiter zum Reden zu ermuntern. Das war auch nicht nötig.

„Wissen Sie, ich liebe es, mal hier und mal da zu sein. Deshalb wohne ich die eine Hälfte des Jahres in meinem Penthaus in Hamburg, die andere in meiner Villa in Nizza. Und Sie? Wo wohnen Sie?

„Ich wohne in Syke bei Bremen – zur Miete", ergänzte ich, um ihr die Nachfrage zu ersparen. Ich drehte mich um, entdeckte einen Tisch, an dem nur noch ein Platz frei war, und wünschte der Frau im Weggehen einen guten Tag.

Am Nachmittag stand ein Landausflug auf Madeira an, den ich gebucht hatte. Nach den üblichen Besichtigungen blieb noch eine Stunde zur freien Verfügung. Ich schlenderte durch die Straßen von Funchal und konnte mich an den üppigen Blumen, die überall wuchsen, nicht sattsehen. Ich war gerade dabei, ein besonders schönes, rot gesprenkeltes Exemplar einer Orchidee zu fotografieren, als plötzlich eine Stimme neben mir ertönte.

„Ah, Sie genießen auch diesen wunderbaren Ort", sagte die auffällige Dame vom Schiff.

Ich hielt in meiner Bewegung inne und schloss für einen Moment die Augen. Da sind auf dem Schiff etwa 1.000 Passagiere und Hunderte von ihnen machen den Landausflug. Und just diese eine Person läuft mir über den Weg.

Ich rang mir ein Lächeln ab. „Ja, es ist schön hier, diese Blumenpracht ..."

„Übrigens, ich heiße Baumann, Rita Baumann." Mit diesen Worten streckte mir die Frau ihre Hand entgegen.

„Ramona Stein", stellte ich mich vor.

„Von meiner Balkonkabine hätte ich eine wunderschöne Aussicht auf die Insel gehabt, aber hin und wieder muss man sich ein wenig bewegen. Welche Kabine haben Sie denn gebucht?", fragte Frau Baumann beiläufig.

„Eine Innenkabine", antwortete ich.

„Und ist die auch groß genug? Also ich brauche immer viel Platz um mich", erklärte Frau Baumann. Ohne eine Antwort abzuwarten fuhr sie fort: „Ich habe Sie noch nie in Begleitung gesehen!"

„Ich bin allein unterwegs. Außerdem bin ich nicht verheiratet."

„Dann sind Sie sicher berufstätig", bohrte sie nach.

„Ja, ich bin Krankenschwester."

„Ich habe nie arbeiten müssen, mein ganzes Leben lang", belehrte mich Frau Baumann, während sie am Diamantring ihres rechten Mittelfingers drehte und ihre makellos lackierten Nägel betrachtete.

Genervt sah ich auf die Uhr. „Ich glaube, wir müssen zurückgehen, sonst verpassen wir noch das Schiff", versuchte ich mich aus der Affäre zu ziehen.

Zum Glück war es nicht weit bis zum Hafen. Als Frau Baumann einen Herrn mit graumeliertem Haar und einem Gehstock entdeckte, flüsterte sie: „Ein netter Herr vom Schiff!", und schritt graziös auf ihn zu. Ich atmete auf.

Am nächsten Tag wollte ich am Nachmittag meinen persönlichen Heiligabend mit Kaffee und Kuchen auf dem Sonnendeck einläuten, dann in meine Kabine gehen, eine Kerze anzünden und mir das Weihnachtsoratorium von Bach anhören. Ich hatte mir extra eine Kerze und die CDs eingesteckt.

Ich trank gerade den ersten Schluck Kaffee, als Frau Baumann mir gegenüber Platz nahm. Nein, nicht schon wieder!, ging es mir durch den Kopf.

„Sie sind doch Krankenschwester", begann sie ohne Umschweife. „Ich bin heute Morgen mit Kopfschmerzen aufgewacht. Die kommen von Verspannungen im Nacken. Deshalb habe ich mich zur Massage angemeldet und zum Glück noch einen Termin vor dem

Mittagessen bekommen. Wissen Sie, man muss nur mit einem Schein winken, und schon ..." Sie seufzte. „Aber es hat nichts geholfen. Was soll ich nur tun?"

„Haben Sie keine Kopfschmerz-Tabletten dabei?", fragte ich mitleidlos.

Langsam kam Wut in mir auf. Ich war im Urlaub und wollte meine Ruhe haben, vor allem vor jemandem wie dieser Frau, die keine Gelegenheit ausließ, mit ihrem Geld zu protzen. Es gab genug andere an Bord, die sich um sie kümmern konnten. Das musste doch ich nicht tun.

Ich überlegte krampfhaft, wie ich sie loswerden könnte, als plötzlich Frau Baumanns Lippen zu zittern begannen und Tränen die gepuderten Wangen hinunterrollten. Mit allem hatte ich gerechnet, nur nicht damit.

„Ach, die Kopfschmerzen", sagte sie, „viel schlimmer sind die Schmerzen da drin", wobei sie sich an die Brust klopfte. „Ich bin so einsam", stieß sie hervor. „Und heute ist doch Heiligabend."

Ich bin so einsam. Dieses quälende Gefühl konnte ich gut nachempfinden, denn der Satz weckte unversehens schreckliche Erinnerungen an innere Leere, an die Angst, allein zu sein, die in jeden Winkel meines Körpers und meiner Seele gekrochen war – damals, als mein Verlobter bei einem Autounfall starb. Das war jetzt 22 Jahre her.

Doch dann kam mir der Ausspruch meines Vaters in den Sinn: „Du ziehst Leute mit Problemen an wie das Licht die Motten! Du musst lernen, dich abzugrenzen. Du kannst nicht jedem helfen." Wie recht er hatte. Sollte ich mir Frau Baumann nicht lieber vom Hals halten? Sie tat mir zwar leid, aber ich könnte sie ja zum Bordarzt bringen, der sicher Übung im Umgang mit einsamen Herzen hatte, und dann in meiner Kabine verschwinden.

Immer mehr Tränen rannen das Gesicht von Frau Baumann hinunter und hinterließen schwarze Spuren der Wimperntusche. Mehr und mehr löste sich ihre sorgsam aufgebaute Fassade vor meinen Augen auf. Dahinter kam eine Frau zum Vorschein, die sich nach zwei gescheiterten Ehen nur nach einem sehnte: Liebe, weil sie lediglich ihres Geldes wegen geheiratet worden war. Ich saß einer Frau gegenüber, die alles hatte – und doch nichts, was das Leben lebenswert macht, weil man sich mit Geld keine Geborgenheit, keine Zuneigung, keine Freunde kaufen kann.

Doch ich war immer noch nicht bereit, mir einen Strich durch mein Weihnachtsfest machen zu lassen. Aber was bedeutete Weihnachten eigentlich? Jesus kam auf die Erde, um sich um das Elend der Menschen zu kümmern. Das kam ihm sicher auch nicht immer gelegen. Trotzdem wies er nie einen Menschen ab.

Ich wusste, wenn ich Frau Baumann irgendwie abwimmelte, würde ich mich den Rest des Tages schäbig fühlen. Aber ich hatte mir meinen Urlaub doch ganz anders ausgemalt – und mein Weihnachtsfest erst recht!

Ich atmete tief durch. „Ich mache Ihnen einen Vorschlag", begann ich. „Wenn Sie möchten, treffen wir uns in drei Stunden im Restaurant und lassen uns unser Weihnachtsmenü schmecken. Was halten Sie davon?"

„Eine ganze Menge", lächelte Frau Baumann mich durch einen Tränenschleier an.

„Was ist mit den Kopfschmerzen?", fragte ich Frau Baumann, als wir uns zum verabredeten Zeitpunkt zum Essen an den festlich geschmückten Tisch setzten.

„Die sind weg", berichtete sie fröhlich. „Ach, ich bin ja so froh, dass Sie diesen Abend mit mir verbringen", fuhr sie fort und drückte meine Hand. Aus den Lautsprechern drang leise die Melodie von „Jingle Bells".

„Als ich ein Kind war", sagte sie nachdenklich, „da war Weihnachten was Wunderschönes. In der Mitte unseres Wohnzimmers stand der Tannenbaum, den ich mit meinem Vater wie jedes Jahr in einem unserer Wälder ausgesucht hatte. Bedienstete schlugen ihn und stellten ihn auf, aber das Dekorieren hatte Vater sich nie nehmen lassen. Übrigens waren unsere Weihnachtsbäume alle viel schöner als der da draußen", ergänzte sie und deutete auf die mit bunten Kugeln behängte künstliche Tanne vor dem Restaurant. „Das ist für meinen Geschmack nur Firlefanz – und von Weihnachten ist außer dem Baum und einigen Girlanden im ganzen Schiff ja nichts zu merken. Jedenfalls", fuhr sie nach ihrem kleinen Exkurs fort, „gingen wir Heiligabend immer zusammen in den Gottesdienst. Wieder zu Hause setzte sich Mutter vor der Bescherung ans Klavier und wir sangen Weihnachtslieder. Ja, das war schön." Frau Baumann schwelgte in Erinnerungen.

„Als ich erwachsen war", nahm sie den Faden wieder auf, „war es nie mehr so schön, auch deshalb, weil ich selbst keine Kinder hatte. Weihnachten ist wohl nur ein Fest für Kinder."

„Nein, es ist ein Fest für uns alle!", hakte ich ein.

Und dann erzählte ich Frau Baumann, dass Jesus Mensch geworden ist, um uns zu zeigen, wie sehr er jeden Einzelnen von uns liebt. Wie sehr ihm unser Glück am Herzen liegt. Wie nah er uns sein möchte, damit wir uns nicht einsam fühlen müssen.

„Das Kind in der Krippe streckt jedem die Hand entgegen. Wer sie erfasst, wird dieses Wunder erleben. Dann wird wirklich Weihnachten, auch bei uns", endete ich.

„Das habe ich so noch nie gehört", sagte Frau Baumann bewegt.

„Was halten Sie davon, wenn wir zum Abschluss des Tages den ökumenischen Gottesdienst besuchen? Dann singen wir sicher Weihnachtslieder, die Sie noch von früher kennen", schlug ich vor.

„Das ist eine gute Idee", pflichtete Frau Baumann mir bei.

Wir sangen tatsächlich Lieder, die Frau Baumann aus ihrer Kindheit kannte. Sie war überglücklich, als wir uns schließlich voneinander verabschiedeten.

Und ich? Ja, der Tag war anders verlaufen als ich ihn geplant hatte. Ganz anders. Aber ich war zum Schluss glücklich, dass ich jemandem etwas davon weitergeben konnte, worum es an Weihnachten eigentlich geht.

Merry Xmas

von Brigitte Troeger

Eines Tages im Dezember 1970 hielt ich die bunte Karte in der Hand: Ein lachendes Kamel grüßte mich mit bleckenden Zähnen und röhrte: Merry Xmas – Frohe Weihnachten! Es war die geschmackloseste Weihnachtskarte, die ich bisher bekommen hatte. Dabei waren die Absender sonst vernünftige Leute: koptische Christen aus Kairo, die wir kennengelernt hatten.

Wir lebten damals bereits ein paar Jahre in Assuan, der südlichsten und heißesten Stadt Ägyptens. Als Mitarbeiter des deutschen evangelischen Krankenhauses sorgten wir uns gemeinsam mit deutschen und ägyptischen Ärzten und Schwestern nicht nur medizinisch um die arme Bevölkerung Assuans, wir lebten auch solidarisch mit ihnen in einfachen Verhältnissen.

In den folgenden Tagen flatterten immer wieder diese eigenartigen Grüße ins Haus. Merry Xmas in allen Variationen. Ich rätselte: Warum benutzen unsere Freunde nicht das ursprüngliche Wort Christmas? Wer hat dieses Xmas in Umlauf gebracht?

Eberhard, mein Mann, meinte, es komme aus dem englischsprachigen Raum. Die koptischen Christen haben ihre Verwandten in Amerika, Australien und Kanada und bekommen von dort solche Festtagsgrüße. Neuerdings schmücken sie auch die Hotels am Nil nach amerikanischem Vorbild kunterbunt mit Girlanden und Papierblüten. Wenn sie Christmas sagen, denken sie an Geschenke, gutes Essen und Trinken und lautes Feiern.

Eberhard seufzte. „Ja, abwegig ist das. Dieses Fest wird so fürchterlich verkitscht. Wenn du in die Hotels schaust, denkst du, der rheinische Karneval sei am Nil angekommen."

Unser geliebtes Fest! Nein, Xmas würden wir nicht feiern, niemals! Wir wollten unser Weihnachtsfest retten, aber wie? Wir wussten, dass es wirklich nicht einfach war, im heißen Ägypten Weihnachten zu feiern, jedenfalls nicht so, wie wir es aus Deutschland gewohnt waren. Andererseits aber lebten wir in dem Land, das mit Christmas besonders eng verbunden war, weil es der heiligen Familie Asyl gewährt hatte.

Jedes Jahr im Advent erlebten wir das gleiche Dilemma: Wer Plätzchen oder gar Stollen backen wollte, musste auf Rosinen, Nüsse und Schokolade verzichten. Kerzen konnte man nicht kaufen. Adventskonzerte gab es nicht, es sei denn, wir selbst würden eins anbieten. Aber wir hatten keine Instrumente, weil die das trockenheiße Klima nicht vertrugen. Schallplatten als Ersatz? Ja, die hatten wir, aber die Stromschwankungen im Netz sorgten dafür, dass aus dem Ohrenschmaus ein Ohrengraus wurde. Zudem schien die Sonne unaufhörlich und gaukelte uns vor, es sei Hochsommer. Wir vermissten tatsächlich die neblig-trüben Spätherbsttage, die Gemütlichkeit ins Heim zaubern.

Mir erging es wie den anderen deutschen Teammitgliedern: Voller Unruhe suchten wir unser Weihnachtsgefühl, alle Jahre wieder. Da wirkte die Aussicht auf einen Weihnachtsbaum wie eine Beruhigungspille. Wenigstens das, auch wenn es keine Tannen oder Fichten gab. Ja, eine Tamariske würde er wohl besorgen können, versprach uns der Gärtner Mohammed. Und schon begann das alljährliche verzweifelte Feilschen um den Preis. Der sonst so zugängliche Mohammed ließ nicht mit sich reden, denn er spürte, dass uns das Bäumchen viel wert war.

Schließlich lieferte er uns für eine Menge Geld eine Missgeburt von Baum, krumm gewachsen, angefressen von Ziegen, zerzaust von den heißen Sandstürmen. Wir mussten schlucken, aber wir ließen uns herausfordern, das Beste aus der Situation zu machen. Besser ein Spatz in der Hand als eine Taube auf dem Dach, trösteten wir uns, sägten Zweige ab, um sie an kahlen Stellen anzubringen, beschwerten sperrige Zweige so, dass sie Kerzen halten konnten. Es war ein besonderes alljährliches Weihnachtsritual, das wir meistens mit einem Stück Linzer Torte aus Deutschland krönten. Ein Wunder, dass die süße Leckerei nach einer dreimonatigen Odyssee fast immer pünktlich eintraf.

Zurück zu Mohammed. Er ließ sich das größte Geschäft des Jahres um alles in der Welt nicht nehmen. Dezember für Dezember das gleiche Spiel, und jedes Mal wurde der Baum unerschwinglicher – bis uns schließlich der Kragen platzte. Der geldgierige und konkurrenzlose Gärtner hatte es in einem Jahr auf die Spitze getrieben und einen Wucherpreis verlangt, so hoch, dass von diesem Geld drei ägyptische Familien einen Monat lang hätten leben können. Da war die Hoffnung auf einen Weihnachtsbaum gestorben. Eine junge Mitarbeiterin schniefte ins Taschentuch. Sie würde ja gern auf vieles verzichten, auf Dauerwurst und knackige deutsche Äpfel, auf Schokolade, Schneelandschaft und Waldspaziergänge. Aber Weihnachten ohne einen Weihnachtsbaum fand sie unerträglich. Jahr für Jahr hatte sie eifrig mitgeholfen, die armselige Tamariske fürs Fest zu verschönern. Und es war ihr wahrlich gut gelungen.

Jetzt musste sie sich unbequemen Fragen stellen. Wo steht eigentlich geschrieben, dass wir zum Feiern einen Baum brauchen? Es geht doch um das Jesuskind, den Erlöser unserer verkorksten Welt, wenn wir Weihnachten feiern. Und wozu brauchen wir zum Feiern Kälte und Schnee? In Bethlehem hat mit Sicherheit auch die Sonne geschienen. Und wenn Jesus im Winter geboren worden ist, dann gab es in Bethlehem den winterlichen Blumenflor wie bei uns am Nil: rot blühende Tulpenbäume, Bougainvilleen in Lila, Rot und Weiß, Weihnachtssternsträucher mit unzähligen blutroten Blüten, Gerberasterne und Gladiolen und prächtige Rosen in allen Formen und Farben. Außerdem: Bethlehem war zum Zeitpunkt der Geburt von Jesus genauso bevölkert mit fremden Menschen wie unsere Stadt.

Konnten wir hier in Assuan das Weihnachtsgeschehen nicht viel direkter nacherleben? Sollten wir nicht überhaupt unser deutsches Weihnachten komplett opfern, um uns am 6. Januar zusammen mit den Kopten über die Geburt von Jesus zu freuen? Auf ihre Weise? Ohne Geschenke, aber mit viel Zeit für den Gottesdienst und das gemeinsame Essen um Mitternacht? Und mit einer Fastenzeit von vier Wochen vor dem Fest?

Das war alles gut und schön, aber wir spürten unsere Armseligkeit, während wir kleinlaut unser vertrautes Fest verteidigten. Zu viel Heimatliches hatten wir geopfert. Nein, wir wollten den 24. Dezember nicht aufgeben! Gott würde uns verzeihen, oder?

Ich glaube, er hat uns nicht nur verziehen, denn er hat uns in jenem Jahr richtig überrascht. Gott ist kreativ und humorvoll. Wie das aussah?

Der Heilige Abend nahte. Draußen war es laut. Die Sonne schien hell und warm vom Himmel. Touristen flanierten in T-Shirt und mit Sonnenhut auf der Niluferpromenade. Autos hupten. Die kleinen Geschäfte auf der Marktstraße blieben wie immer bis 22 Uhr geöffnet. Kaum jemand nahm Notiz davon, dass wir uns aufs Fest vorbereiteten. Nur hin und wieder blieben Touristen am Eingangstor unserer Kirche stehen, um die Einladung zum Weihnachtsgottesdienst zu lesen.

Um 18 Uhr würden wir die kleine Glocke läuten. Zwei Stunden blieben uns für letzte Vorbereitungen. Da pochte jemand ans Tor und bat um Einlass. Der Torhüter öffnete weit, als er sah, dass der Fremde schweres Gepäck trug. Es war eine längliche, fest zusammengeschnürte Last.

„Können Sie einen Tannenbaum gebrauchen?“, fragte der Ankömmling. „Ich habe ihn mit dem Flugzeug aus Deutschland mitgebracht. Er ist von der Baufirma Hoch-Tief für ihre Angestellten in Abu Simbel bestimmt. Leider habe ich den Anschlussflug verpasst. Aber der Baum soll nicht in der Ecke vergammeln. Erbarmen Sie sich seiner?“

Wir waren sprachlos. Dann fand Margrit, unsere jüngste Mitarbeiterin, die treffenden Worte. „Nein, umgekehrt, er wird sich unser erbarmen!“ Alle lachten. Der Mann von Hoch-Tief schaute uns verständnislos an. Aber dann entdeckte er den Glanz in unseren Augen und strahlte ebenfalls. „Des einen Freud, des andern Leid“, sagte er und ließ sich überreden, zum Gottesdienst zu bleiben.

Nie haben wir uns über einen verpassten Flug so gefreut, auch wenn wir es nicht zeigen mochten. Wir befreiten den duftenden Nadelbaum aus seinem Netz und breiteten die Zweige aus. Nun erst entdeckten wir seine Schönheit. So einen vollkommenen Weihnachtsbaum hatten wir lange nicht gesehen und gerochen – eine echte deutsche Blautanne, ein Geschenk direkt vom Himmel im wahrsten Sinne des Wortes. Irma, die leitende Schwester, war bereits losgelaufen, um den Baumschmuck und die Kerzen zu holen. Sie waren aus Deutschland und lagerten im Kühlschrank.

Jetzt musste es schnell gehen. Feierlich wie bei einer Prozession führten wir unseren stacheligen Ehrengast aus der Heimat in die Kirche. Dort schmückten wir die Tanne liebevoll wie eine Braut vor der Hochzeit.

Wir waren so sehr beschäftigt, dass wir nicht bemerkt hatten, wie Mohammed, der Gärtner, eingetreten war. Er war wohl gekommen, um uns ein neues Angebot zu machen – ein letztes. Aber er hatte bereits begriffen, dass es dafür nun zu spät war. Wie angewurzelt stand er an der Tür. Sah er eine Fata Morgana? „Was ist das?“, fragte er verwirrt. „Wo kommt dieser Baum her?“

„Vom Himmel!", erwiderte unsere Ärztin schlagfertig und lachte schelmisch. „Ist er nicht wirklich vollkommen?"

„Allahu karim (Gott ist großzügig), dies ist der schönste Baum, den ich je gesehen habe, aber sag doch, wie kommt er zu euch?"

„Er kam mit einem Flugzeug vom Himmel, Gott hat ihn uns geschickt."

Jetzt musste Mohammed laut lachen. „Nein, nein, Doktora, so ist Allah nicht. Gott verschickt keine Bäume. Gott ist erhaben über alles Menschliche und über alle Natur, er gibt sich nicht mit Kleinigkeiten ab, niemals! Allahu akbar (Gott ist der Größte)!"

„Aber für uns ist ein Weihnachtsbaum keine Kleinigkeit, Mohammed, und für dich doch auch nicht. Weißt du, warum wir zu unserem großen Fest einen immergrünen Baum aufstellen? Weil er uns an Gottes immerwährende Treue erinnern soll. Wir waren traurig, dass wir in diesem Jahr ohne Baum feiern sollten, und da hat Gott sich über uns erbarmt. Er ist wie ein treu sorgender Vater. Du hast recht: Allahu akbar, er ist wirklich der Größte, so groß, dass er sogar unsere kleinen Sorgen ernst nimmt."

Mohammed schüttelte fast unmerklich den Kopf und brummelte etwas Unverständliches in den Bart. Diese Botschaft konnte er nicht fassen. Die Christen wissen eben gar nichts, schien er zu denken, Allah sei ihnen gnädig. Langsam schickte er sich zum Gehen an. „Na dann, merry Christmas." Plötzlich wandte er sich noch einmal um und sagte: „Im nächsten Jahr verkaufe ich euch aber einen Baum zu einem Freundschaftspreis." Das war ein großes Wort. Wenn er es halten würde, hätte Gott sich ein weiteres Mal erbarmt.

Noch eine Stunde, dann würden Gäste aus aller Herren Länder unsere kleine Kirche betreten, vielleicht auf der Suche nach ihrem Weihnachtsgefühl. Die Kerzen würden brennen und die glänzenden Strohsterne sich sanft in der warmen Luft bewegen. Und wir würden unsere vertrauten Weihnachtslieder singen. Große Freude überkam uns. Er hat sich über uns erbarmt, unser Gott. Seinen Sohn hat er unserer elenden und verkommenen Welt geschenkt – und einen Weihnachtsbaum dazu, um uns zu sagen, dass er groß genug ist, auch unsere kleinen Bedürfnisse zu stillen.

An jenem Abend feierten wir Weihnachten mit unseren international zusammengewürfelten Gästen: der hübschen französischen

Schauspielerin, dem urigen bayrischen Bauern in Lederhosen, dem ungarischen Unterwasserforscher und dem verliebten finnischen Paar auf Hochzeitsreise. Sie alle hatten ein opulentes Buffet im Hotel sausen lassen und keine Lust auf Xmas.

Es gab kleine Wichtelgeschenke, und wir tranken roten Tee, knabberten die bescheidenen Plätzchen mit ägyptischen Zutaten und sangen Lieder aus aller Welt. Sogar ein echter Schweizer Jodler war dabei. Wir genossen einen leckeren Kartoffelsalat und die weit gereisten Würstchen aus dem einzigen europäischen Metzgerladen in Kairo. Das war eine besondere Delikatesse für uns. Wir erzählten Geschichten aus der Heimat und der Kindheit, schwatzten und lachten. Und immer wieder erklang ein neues Lied in einer fremden Sprache.

Zwei Wochen später – am 6. Januar – feierte die Ostkirche das „Fest der Geburt". Da durften wir Gäste sein und die Weihnachtsfreude noch einmal mit unseren koptischen Freunden teilen, die sechsstündige Messe in ihrer Kathedrale miterleben und um Mitternacht in fröhlicher Runde einen Truthahn genießen. Wir konnten zweimal Weihnachten feiern: einmal westlich, einmal östlich, ganz unterschiedlich, aber immer mit einem Weihnachtsgefühl tiefer Freude und Dankbarkeit.

Übrigens: Mohammed hat Wort gehalten. Nie wieder gab es Probleme mit dem Weihnachtsbaum. Vielleicht hat der Gärtner die kleine geistliche Weihnachtsbaum-Lektion nicht vergessen können, wer weiß?

Eine besondere Nacht

von Karin Baltensperger

Diese Nacht werde ich nie mehr vergessen. Es scheint alles zu wunderbar, um wahr zu sein. Doch die anderen haben es auch erlebt, also muss es wahr sein. Ja, es ist wahr, es ist wirklich wahr. Ich kann es noch gar nicht fassen.

Wer ich bin, wollen Sie wissen? Verzeihung, vor lauter Staunen habe ich ganz vergessen, mich vorzustellen. Ich heiße David und komme aus Bethlehem. Was ich von Beruf bin? Warum wollen die Leute immer gleich nach dem Namen den Beruf wissen? Na schön, ich bin Hirte. Wie, Sie wollen sich trotzdem weiter mit mir unterhalten? Da staunt das Schaf und der Hirte wundert sich. Sie scheinen aus einer anderen Zeit zu sein, denn zu meiner Zeit bedeutet die Nennung meines Berufes das Ende jedes Gesprächs. Wir Hirten sind verachtet, mit uns will niemand was zu tun haben. Es ist den Leuten zwar recht, dass wir für ihre Schafe sorgen, dass wir die einsamen, gefährlichen Wanderungen auf uns nehmen, um Gras und Wasser für die Tiere zu finden, dass wir nachts draußen bei den Schafen wachen, dass wir unser Leben beim Kampf mit wilden Tieren in Gefahr bringen ... All das ist ihnen recht, doch mit uns selber wollen sie nichts zu tun haben.

Wir sind harte Typen. Wir leben draußen mit den Schafen. Wir sind nicht sehr sauber – und Parfüm wäre bei uns Verschwendung. Vor allem die Pharisäer, unsere religiösen Führer, diese Neunmalklugen, verachten uns. Sie glauben, dass wir die Vorschriften über das Händewaschen, das Geschirrspülen oder die Speisegebote nicht befolgen. Sie halten uns für Räuber und Betrüger und stellen uns auf eine Stufe mit Zöllnern und Sündern. Sie sagen: „Kein Stand in der Welt ist so verachtet wie der Stand der Hirten."

Und was die Pharisäer sagen, glaubt das Volk. Deshalb haben wir keine bürgerlichen Rechte und werden vor Gericht nicht als Zeugen zugelassen.

Ich liebe die Schafe. Bei ihnen weiß ich wenigstens, woran ich bin. Sie können nicht schlecht über mich sprechen, sie verachten mich nicht, und sie brauchen mich. Das tut gut. Die Menschen können mir gestohlen bleiben. Sie wollen mich nicht, also sollen sie es bleiben lassen. Ich brauche sie nicht.

Die Arbeit eines Hirten ist intensiv, kann ich Ihnen sagen. Schafe sind hilflose, ängstliche und doch eigensinnige Tiere. Unsere Tage sind deshalb sehr ausgefüllt. Da fällt es mir leicht, nicht an die Menschen zu denken.

Doch nachts bei den Herden, wenn gerade ein anderer Hirte über die Tiere wacht und ich eigentlich schlafen könnte, liege ich oft wach und denke über mein Leben nach. Dann spüre ich tief innen, wonach ich mich am meisten sehne – nach Liebe. Ja, ich möchte, dass mich jemand liebt. Ich möchte, dass ich jemandem etwas wert bin. Mein Name David bedeutet „der Geliebte". Dass ich nicht lache! „Der Verachtete" würde besser passen.

Wie gesagt, während der Arbeit bin ich abgelenkt, doch in der Nacht unter dem Sternenhimmel kommen immer wieder diese Gedanken und tiefen Wünsche hoch. Dagegen hilft keine raue Schale und sei sie noch so dick.

Und dann kam diese denkwürdige Nacht. Eigentlich war alles wie immer: Es war dunkel und kalt. Die Schafe lagen im Gras und schliefen. Ich war an der Reihe mit der Wache und saß am Feuer, starrte in die Flammen und hing meinen Gedanken nach. Plötzlich wurde es taghell. Ich fuhr hoch, sprang auf die Füße. Doch im nächsten Augenblick sank ich auf die Knie und bedeckte meine Augen mit den Händen, denn vor mir stand eine weiße Gestalt. Vor wilden Tieren habe ich kaum noch Angst, aber nun verspürte ich eine Furcht wie noch nie in meinem Leben. Die anderen Hirten waren aus dem Schlaf aufgeschreckt. Wir wagten kaum zu atmen.

Da sprach die Gestalt: „Fürchtet euch nicht! Seht, ich verkündige euch eine große Freude. Sie geht alle Menschen an. Heute wurde in der Stadt Davids euer Retter geboren, der Messias, der Herr. Geht und seht selbst: Er liegt in Windeln gewickelt in einer Futterkrippe. Daran werdet ihr ihn erkennen."

Die Stimme klang so gewaltig und gleichzeitig so Vertrauen erweckend und freudig, dass ich es wagte aufzublicken. Da sah ich neben der Gestalt viele weitere leuchtende Gestalten. Sie priesen Gott und riefen: „Alle Ehre gehört Gott im Himmel! Sein Friede kommt auf die Erde zu den Menschen, weil er sie liebt." Es klang wie ein Jubel aus 1000 Kehlen. Mir wurde warm ums Herz.

Dann war es plötzlich wieder dunkel und still. Ich blinzelte in die Nacht, doch es blieb dunkel. Hatte ich alles nur geträumt?

Als sich meine Augen wieder an die Dunkelheit gewöhnt hatten, schaute ich in die Runde. Alle saßen wie erstarrt da. „Habt ihr auch weiße Gestalten gesehen und Stimmen gehört?", fragte ich.

Zaghaft erzählten wir einander, was wir gesehen und gehört hatten. Es bestand kein Zweifel: Uns waren tatsächlich Engel begegnet.

„Also kommt, lasst uns gehen", rief ich und sprang auf.

„Wohin?", fragte einer.

„Zum Messias natürlich!", sagte ich ungeduldig.

„Du spinnst. Du glaubst doch nicht im Ernst, dass die uns reinlassen werden." – „Es werden sicher schon viele Besucher da sein." – „Ich hasse Menschenansammlungen." Einer nach dem andern brachte seine Bedenken hervor.

Ich setzte mich wieder hin und starrte verwirrt ins Feuer. In mir stritten verschiedene Stimmen: die freudige Stimme des Engels, die frustrierten Stimmen meiner Kollegen und eigene Stimmen: „Mach dich nicht lächerlich. Alle im Ort verachten dich. Sie wollen dich nicht. Sie werden dich nicht reinlassen. Du bist es nicht wert, den Messias zu sehen."

Wem sollte ich glauben? „Fürchtet euch nicht ... euer Retter ... in Windeln gewickelt in einer Futterkrippe ... geht und seht selbst." Diese Worte schienen alles andere zu übertönen.

Langsam erhob ich mich. „Ich gehe. Will jemand mitkommen?"

„Wozu, das Haus wird bewacht sein."

„Futterkrippen stehen eher in einem Stall als in einem Haus", gab ich zu bedenken.

Stille. Die andern schienen erst jetzt richtig zu erwachen.

„Stimmt, in einer Futterkrippe liegt er", pflichtete einer bei.

„In Windeln gewickelt, hat der Engel gesagt", ergänzte ein Zweiter.

„Und wir sollen uns selbst davon überzeugen. Also, worauf warten wir? Lasst uns gehen", rief ein Dritter. Und sie sprangen auf und liefen so schnell davon, dass ich kaum mithalten konnte.

Wir mussten nicht lange suchen. Wir fanden einen Stall, aus dessen Ritzen der Schein eines Feuers drang. Leise klopften wir an und traten vorsichtig ein. Ein Mann saß neben einer jungen Frau. Hinter ihnen stand eine Krippe.

Der Mann erschrak, doch als wir erzählten, was wir erlebt hatten, strahlte er, ging zur Krippe, nahm ein kleines Bündel heraus und legte es in die Arme seiner Frau. Ehrfürchtig traten wir näher und bestaunten das Kind, den Retter, den Messias, den Herrn. In Windeln gewickelt lag er in den Armen seiner Mutter.

Ich konnte meinen Blick nicht von diesem Kind abwenden. Gott hatte schon lange versprochen, uns einen Retter zu schicken. Seit Jahrtausenden wartete unser Volk darauf, dass Gott dieses Versprechen erfüllen würde. Nun war es geschehen. In einem einfachen Stall. Gott schickte seinen Engel, um die Nachricht bekannt zu machen. Und zu wem schickte er ihn? Ausgerechnet zu uns Hirten.

„Große Freude ... sie geht alle Menschen an!“ Die Worte des Engels klangen in mir nach. Alle Menschen. Und wie sollten sie es erfahren? Wollte Gott etwa, dass auch *ich* es ihnen sage? Ausgerechnet ich? Mein Herz begann zu pochen. Doch die Menschen würden nicht auf mich hören, ich hatte ja gar kein Zeugenrecht. „Sie geht alle Menschen an. Alle Menschen.“ Die Worte gingen mir nicht mehr aus dem Sinn und ich nahm mir vor, jedem zu erzählen, der mir über den Weg laufen würde, was ich heute Nacht erlebt hatte.

Wir verabschiedeten uns von Josef und Maria, warfen einen letzten Blick auf das schlafende Kind und verließen den Stall, um zu den Herden zurückzukehren. Wir konnten nicht anders als Gott zu preisen und ihm für das zu danken, was wir gehört und gesehen hatten.

Ja, ich kann wirklich nur staunen und danken. Dieser Gott, der seit Hunderten von Jahren nicht mehr zu seinem Volk gesprochen hatte, sandte einen Engel zu uns verachteten Hirten. Ausgerechnet uns schickte er zu seinem Sohn, obwohl wir schmutzige, harte Kerle sind. Ausgerechnet uns wählte er als Zeugen für die Geburt seines Sohnes, obwohl wir gar kein Zeugenrecht haben.

Warum hat er das getan? Immer wieder denke ich darüber nach und komme doch nur zu dem einen Schluss: Weil er uns liebt.

Dieser große Gott meines Volkes liebt auch mich. Mich, den verachteten Hirten, den Mann mit der dicken Schale und den Fragen und Sehnsüchten, die sich dahinter nicht zur Ruhe bringen ließen. Ich bin es ihm wert. Ich bin tatsächlich ein Geliebter.

Schutzengel und Weihnachtswünsche

von Ursula Schröder

Zu unseren jährlichen Advents-Gepflogenheiten gehört das Aufstellen der Engelskapelle. Das sind kleine Holzengelchen aus dem Erzgebirge, die noch von der Oma meines Mannes Udo stammen. Sie haben rote Bäckchen und blonde Locken und erinnern mich neuerdings schmerzlich an frühere Zeiten, als das auch auf unsere Kinder Sarah und Niklas zutraf. Als sie noch mit leuchtenden Augen die Figuren betrachteten, die winzige Trompeten, Flöten und Trommeln halten und den Beginn der Weihnachtszeit markieren.

Inzwischen will Sarah nicht mehr mit uns Weihnachten feiern, sondern spricht allen Ernstes davon, mit ihrer Freundin Nele – eine von denen, deren Eltern ihr alles erlauben – nach München zu fahren, um dort an dem Super-Konzert von Tiger Groove teilzunehmen. Das sei die angesagteste Teenie-Band aller Zeiten und ihr einziger Weihnachtswunsch. Und wenn wir ihr das nicht erlauben und bezahlen würden, dann könnten wir sie auch gleich zur Adoption freigeben.

Wir Eltern wollen aber weder das eine noch das andere, wir wollen einfach als Familie Weihnachten feiern und uns nicht um zwei arglose Sechzehnjährige Sorgen machen müssen, die mutterseelenallein die Feiertage in der Jugendherberge verbringen.

Als ich seufzend den letzten Engel mit seinem Dirigentenstab auspackte, dachte ich darüber nach, ob es nicht Schutzengel speziell für Teenager geben sollte, die dafür sorgen, dass sie in der Spur laufen und ihren Eltern keinen Kummer machen. Oder sind Engel nur für Musik zuständig? Nein, damals in Bethlehem hatten sie auch die Botschaft von der Geburt von Jesus verkündet. Immer wieder waren sie in der Bibel im Auftrag Gottes am Werk. Ob sie das auch heute noch taten? Zum Beispiel, um Eltern ein Stück der Erziehungslast abzunehmen?

Mein Weihnachtswunsch an den Engel wäre, dass Sarah ohne Protest an unserer Weihnachtsfeier teilnehmen würde und auch Niklas bereit war, ein Minimum an Einsatz für die Familie zu zeigen.

Ich war gerade mitten in der Überlegung, ob Gott diesen Wunsch gutheißen würde, als das Telefon klingelte. Es war Udo mit einer nicht ganz unproblematischen Botschaft.

„Gerade hat mich ein junger Amerikaner angerufen", erklärte er. „Der kommt jetzt mit dem Zug aus Köln und fragt, ob er ein paar Tage bei uns wohnen könnte. Ich konnte das schlecht ablehnen, es ist der Enkel meines Geschäftspartners aus Cincinnati. Holst du den bitte ab?"

Das hatte mir gerade noch gefehlt. Ein ungeplanter Hausgast in der stressigsten Zeit des Jahres. Aber wenn Udo das zugesagt hatte ... Ich fand Niklas wie immer in seinem Zimmer am Computer. „Kannst du bitte im Gästezimmer das Bett beziehen und ein bisschen aufräumen?", bat ich ihn.

Natürlich war er alles andere als begeistert. Mitarbeit von Kindern im Haushalt war für ihn ein Thema, dessen sich die UN-Menschenrechtskommission oder Amnesty International hätte annehmen sollen. Es bedurfte schon eines hohen Grades an moralischer Nötigung, um ihm eine Zusage abzuringen.

So kam Miles in unser Haus, ein großer, leicht übergewichtiger Amerikaner, der gerade ein Gastsemester in Italien und die Geschäftskontakte seines Vaters dazu nutzte, Europa kennenzulernen.

„Sprichst du denn Italienisch?", fragte Niklas ihn in seinem besten Englisch, nachdem wir ihn zunächst zu ein paar Keksen und einer Cola als Willkommensdrink in die Küche gebeten hatten.

„Oh nein", erwiderte Miles kauend. „Die können doch alle Englisch." Er leerte sein Glas in einem Zug und sah sich um. „Das ist euer Kühlschrank? Der ist ja winzig."

Ach, wie ich bedauerte, dass ich nicht flüssiger Englisch sprechen konnte! Dann hätte ich ihm so einiges erklärt in Bezug auf deutsche Kühlschränke, deutsche Getränke („Tut hier niemand Eis in die Cola?") oder den guten Brauch des Mülltrennens („Das würde in Amerika keiner machen!"). Stattdessen war ich auf Niklas angewiesen, der unseren Gast vom ersten Augenblick an verehrte, weil er sich mit allen gängigen Computerspielen perfekt auskannte und bei der Besichtigung seines Zimmers meinte, das Bett zu beziehen sei völlig überflüssig gewesen. Er schlafe im College auch immer zwischen nicht bezogenem Bettzeug, alles andere wäre viel zu lästig.

Niklas warf mir einen Blick zu, der Bände sprach. Es gab also tatsächlich Leute, die in der Welt vorankamen, ohne sich den altmodischen Regeln hergebrachter Haushaltsführung zu unterwerfen.

Dann kam Sarah nach Hause und wurde dem neuen Gast vorgestellt. Ich sah ihrem Gesicht an, dass er optisch ihren Ansprüchen nicht ganz gerecht wurde. Das war aber auch schwierig, weil sich alle Jungen an der schillernden Erscheinung des Tiger Groove-Sängers Jim messen lassen mussten. Er gewann jedoch deutlich in ihrer Achtung, als er von seinen Freunden in der Plattenbranche erzählte. Das war cool. Sie willigte ein, ihn am nächsten Abend mit zu einer Veranstaltung in der Schule zu nehmen. Dafür schlug er vor, am Samstag mit ihr nach Köln zu fahren und sich von ihr die Stadt zeigen zu lassen. Nele wollte auch mit. Erleichtert stimmten wir zu. Immerhin musste Miles ja etwas geboten kriegen, und wir selbst hatten eine Einladung, die wir schlecht absagen konnten.

Am nächsten Tag war Niklas' Begeisterung für sein amerikanisches Idol leicht abgeflaut, nachdem Miles so lange geduscht hatte, dass für ihn kein heißes Wasser mehr übrig war.

„Der hat sich sogar unter der Dusche rasiert", klagte er. Außerdem war er mitten in einem Computerspiel eingeschlafen, wofür Niklas überhaupt kein Verständnis aufbrachte.

Udo und ich sahen uns an. Auch wir hatten einiges an unserem Besuch auszusetzen, zum Beispiel seine Tischmanieren. Natürlich wussten wir, dass Amerikaner mit einer Hand essen und die andere unter dem Tisch halten, aber dass sie während der Mahlzeit einfach aufstehen, die Essensreste auf ihrem Teller in den Mülleimer kratzen und kommentarlos den Raum verlassen, war nach unserem Kenntnisstand kein Teil der in den USA gültigen Benimmregeln. Aber wir sagten nichts. Immerhin war Miles der Enkel von Udos Geschäftspartner.

Tapfer drückten wir am nächsten Tag Sarah einen angemessenen Geldbetrag in die Hand, mit dem sie Zugfahrt, Stadtbummel und das Taxi nach Hause bezahlen konnte, und brachten sie, Nele und Miles zum Bahnhof. Ich machte mir schon ein wenig Gedanken, aber Udo beruhigte mich.

„Es ist doch nicht ihre erste Fahrt nach Köln", sagte er. „Und Miles ist dabei, der hat doch schon ein bisschen mehr Lebenserfahrung."

Als ich den Burschen mit der Lebenserfahrung irgendwann gegen drei Uhr früh im Gästezimmer herumtrampeln hörte, war ich zunächst beruhigt. Das schlug aber um, als morgens um sieben eine schluchzende Nele anrief. Aus einem Krankenhaus in Köln. Wir fragten nach Sarah. Aber die war noch nicht wieder in der Lage, mit uns zu sprechen.

Schockiert warfen Udo und ich uns in unsere Klamotten. Im Gästezimmer empfing uns ein ekelerregender Gestank. Miles hatte offensichtlich auf den Teppich gekotzt und sich dann komplett angezogen ins Bett gelegt. Udo rüttelte ihn heftig, aber es war nicht viel aus ihm rauszukriegen. Wir ließen ihn liegen, sagten einem sehr verunsicherten Niklas Bescheid und fuhren nach Köln.

Neles Eltern waren schon da und informierten uns empört über die Ereignisse der vergangenen Nacht: Wodka – Domplatte – Alkoholvergiftung – Magen ausgepumpt. Sarah – inzwischen auch wieder ansprechbar – bestätigte es heulend. Offenbar war Miles der Ansicht gewesen, der zur Verfügung stehende Etat sei, statt ihn auf labberiges Kölsch zu verschwenden, in einige Flaschen Hochprozentiges besser investiert. Der zuständige Arzt nickte wissend mit dem Kopf.

„Typisch! In den USA dürfen sie unter 21 noch kein Bier kaufen und hier ziehen sie dann alle Register."

„Ich will nach Hause!", schluchzte Sarah. Der Arzt erlaubte es, wenn sie ihm versprach, so was nie wieder zu machen.

Neles Eltern verhängten ihrer Tochter Hausarrest bis ins neue Jahr. Sieh mal an! Beide Mädchen nickten kleinlaut alles ab. Dann durften wir gehen.

Zu Hause lag ein Zettel auf dem Küchentisch: „Sorry and goodbye!" Miles hatte seinen Flug umgebucht und war inzwischen auf dem Weg zum Flugplatz. In einer Tüte seien ein paar Sachen, die nicht mehr in seinen Rucksack gepasst hätten. Die ließe er uns hier.

Niklas untersuchte neugierig die Tüte. Sie enthielt ein nach Kotze stinkendes T-Shirt, das er in die Wäsche warf („Das nehm ich, Mama, das hat das Logo von Counter-Strike!"), ein paar Socken, eine fast leere Chipspackung, ein feuchtes Handtuch sowie eine CD. Und zwar die neuste von Tiger Groove mit Original-Autogramm von Jim.

Sarah riss die Augen auf. „Darf ich die behalten?"

„Sonst will die von uns wohl keiner", knurrte Udo, immer noch hin- und hergerissen zwischen Zorn und Mitgefühl.

Sarah drückte die CD an sich und sah uns mit einem Blick an, aus dem das schlechte Gewissen sprach. „Tut mir wirklich leid", sagte sie kleinlaut. „Ich wollte das nicht, echt nicht."

„Schon gut“, sagte Udo großmütig und zog sie an sich. „Schwamm drüber. Bald ist Weihnachten.“

Ihr Lächeln war noch etwas wacklig, aber deutlich erleichtert. „Ja. Bald ist Weihnachten. Gibt es wieder Mandelpudding? Wie jedes Jahr?“

Wenn ich jemals ein Friedensangebot gehört hatte, dann war das eins. München war eindeutig vom Tisch. „Na klar“, sagte ich. „Wie jedes Jahr.“

„Und Kartoffelgratin“, fügte Niklas hinzu.

„Nur, wenn du beim Kartoffelschälen hilfst“, sagte ich und fiel fast um, als er nickte.

„Geht klar, Mama.“ Er grinste mich an. „Ich bin doch nicht wie der doofe Miles.“

Mein Blick fiel noch einmal auf den Zettel auf dem Tisch. Es war zwar feige gewesen, sich auf diese Weise zu verabschieden, aber wenigstens waren wir ihn los. Seine Unterschrift war schwungvoll: Miles Carter DiAngelo. Ich stutzte. Angelo? Hieß das nicht Engel? Mein Blick fiel auf die Erzgebirgs-Kapelle auf dem Küchenschrank. Und ich erinnerte mich an meinen Weihnachtswunsch. War mein Anliegen auf diese Weise bearbeitet? In dieser Form hatte ich mir das nicht vorgestellt. Aber mein Wunsch war erfüllt.

„Was ist los, Mama?“, fragte Niklas. „Wieso lachst du auf einmal? Ich dachte, du bist wütend.“

„War ich auch“, sagte ich. „Aber jetzt nicht mehr. Wie kann man wütend sein, wenn man Wünsche erfüllt bekommt?“

Der Bilderrahmen

von Susanne Koch

„Heute ist mal wieder ein richtiger Stresstag", seufzte Karla und biss in ihr Käsebrot. Karla und ihre Kollegin Doro saßen in einer Ecke des Lehrerzimmers.

„Wie gut, dass ich keine Pausenaufsicht habe", grinste Doro und beobachtete ihren Kollegen Peter aus dem Fenster, der gerade versuchte, eine Schneeballschlacht zwischen Acht- und deutlich unterlegenen Fünftklässlern zu stoppen.

„Stimmt", bestätigte Karla und schloss zufrieden die Augen.

„Einige Minuten Ruhe vor dem nächsten Sturm", sagte Doro, während sie beobachtete, wie Peter zwei Achtklässlern zur Strafe je eine Müllzange mit Eimer in die Hand drückte. Karla schaute auf die Uhr.

„Oh, schon so spät! Ich muss los. Ich muss im Kunstraum noch einen Bogen Papier aufhängen, bevor die ganze Meute ins Zimmer stürmt!"

„Alles klar, bis später!", erwiderte Doro.

Kurz vor dem Gong zur neuen Schulstunde hatte Karla mit einem letzten Tesafilmstreifen ein großes Stück Papier auf die Tafel geklebt. Wenig später strömten die Viertklässler mit roten Ohren von der frischen Schneeluft in den Kunstraum.

„Was machen wir heute?", fragte Lotta neugierig, deren Lieblingsfach Kunst war.

„Das werde ich euch gleich verraten, Lotta", lächelte Karla ihre motivierte Schülerin an. „Setzt euch erst mal alle hin."

Karla wartete, bis es still im Raum war. „Heute malen wir zusammen die Weihnachtsgeschichte auf diesen großen Bogen Papier." Karla zeigte auf die Tafel hinter sich. „Die Sparkasse veranstaltet einen Wettbewerb unter allen vierten und fünften Klassen im Ort und die drei schönsten Bilder mit den verschiedenen Szenen werden prämiert. Die Preisverleihung findet am nächsten Sonntag auf dem Weihnachtsmarkt statt."

„Den gewinnen wir!", rief Jonas übermütig in die Klasse.

„Ihr habt auf jeden Fall gute Chancen", lachte Karla. „Gleich darf jeder einen Zettel ziehen. Darauf steht eine Zahl und eine Szene oder Person aus der Weihnachtsgeschichte. Auf dem Papier an der Tafel habe ich Felder eingezeichnet, in denen jeweils eine Zahl steht. Wer die Eins gezogen hat, darf beginnen, sein Motiv mit Buntstiften in das entsprechende Feld zu malen. Die anderen sollten die Zeit schon mal dafür nutzen, Entwürfe auf Schmierpapier zu zeichnen, damit keiner erst an der Tafel überlegen muss, was er malen will."

Während Karla von Tisch zu Tisch ging und die Schüler die Zettel zogen, machten sich die Ersten begeistert an ihre Entwürfe.

„Ich male den schönsten Engel, den es gibt!", verkündete Micha vollmundig.

„Juhu, ich darf das Jesuskind in der Krippe malen!", jauchzte Nelli, nachdem sie ihren Zettel gezogen hatte.

Simon hatte die Eins und durfte als Erster einen Stall in das Feld mit der Eins malen.

Nach und nach füllte sich das Bild mit Schafen, Hirten und Engeln. Auch Maria und Josef waren mittlerweile im Stall eingezogen.

Bisher war alles erstaunlich reibungslos verlaufen und Karla wollte gerade innerlich aufatmen, als Lotta vor die Tafel trat, die Stirn runzelte und den Kopf schüttelte.

„Dieses Feld ist viel zu klein für meinen Sterndeuter und sein Kamel! Das habe ich auf meiner Skizze hier so gemalt. Ich brauche mindestens noch das Feld daneben."

„Nein, das ist mein Feld!", rief Sophie aus der ersten Reihe. „Wenn du auch nur einen Millimeter über den Rand malst, male ich nachher wieder drüber!"

„Kinder, ganz ruhig", beschwichtigte Karla die beiden. „Jeder hat sein eigenes Feld, in das kein anderer malt. Wenn du das Kamel weglässt, Lotta, hat der Sterndeuter genügend Platz."

„Nein, das geht nicht." Lotta verschränkte die Arme vor der Brust und verzog ihren Mund. „Der Sterndeuter braucht ein Kamel. Außerdem gehört es zu meinem Entwurf."

Karla versuchte Lotta klarzumachen, dass sie nun mal nur dieses Feld zur Verfügung hätte und der Sterndeuter wunderbar hineinpassen würde.

„Schau mal, Lotta, vor dem Stall steht schon ein Kamel, das Nils gemalt hat. Dann sagen wir doch einfach, dass dieses Kamel deinem Sterndeuter gehört. Ist das O. K. für dich, Nils?"

Nils nickte gutmütig.

Weil sie merkte, dass sie sich nicht durchsetzen konnte, fügte sich Lotta mit zusammengekniffenen Lippen und malte lustlos den Sterndeuter in das Feld.
„Das Bild ist super geworden!", lobte Karla ihre Schüler am Ende der Kunst-Doppelstunde. „Ich werde es nach der Schule bei der Sparkasse abgeben, und dann warten wir mal gespannt die Preisverleihung ab."

Zu Hause angekommen, machte sich Karla einen Cappuccino, setzte sich in ihren Sessel, legte die Füße hoch und beobachtete die dicken Schneeflocken, die vor ihrem Fenster zur Erde schwebten. Ihr ging noch einmal die Szene mit Lotta durch den Kopf. Irgendwie verstand sie, dass es für das Mädchen frustrierend gewesen war, ihren Entwurf nicht umsetzen zu können, weil der Rahmen dafür nicht groß genug war. Nur bedauerlich, dass sie sich dann nicht mehr an ihrer eigentlichen Aufgabe freuen konnte.

Mit einem Mal erinnerte Karla sich an eine ähnliche Situation in ihrem Leben und an ein Weihnachtsfest, das sie nie mehr vergessen wird.

Sie war neun Jahre alt. Die Proben für das Sing-Krippenspiel hatten begonnen, das die Kinder der Sonntagsschule an Weihnachten im Gottesdienst aufführen durften. Nun sollte festgelegt werden, wer das Solo des Engels singt, der den Hirten die freudige Nachricht von der Geburt von Jesus verkündigt.

„Das möchte ich singen", drängelte sich Karla vor.

Frau Beyer, die Leiterin der Sonntagsschule, reagierte verhalten. „Wer würde sich denn noch trauen, alleine zu singen?", fragte sie in die Runde.

Emma meldete sich.

„Dann kommt ihr zwei mal nach vorn", forderte Frau Beyer die Mädchen auf.

Und dann mussten sie einzeln vorsingen. Karla bemühte sich, so schön wie noch nie in ihrem Leben zu singen. Doch am Schluss wurde nicht sie gewählt, sondern Emma.

„Ich hoffe, du bist nicht zu sehr traurig", hatte Frau Beyer gemeint. „Emmas Stimme ist voller und klarer als deine. Du kannst dafür im Engelchor mitsingen."

Traurig berichtete Karla ihrer Mutter zu Hause davon.

„Frau Beyer hat gesagt, die Emma singt schöner als ich. Dabei sieht die Emma überhaupt nicht wie ein Engel aus!"

„Wie kommst du darauf?", fragte ihre Mutter.

„Weil die nur kurze und braune Haare hat. Und ich habe lange, blonde mit Locken."

„Und du meinst, Engel sehen so aus?", fragte ihre Mutter nach.

„Natürlich!"

Die Mutter nahm Karla in den Arm. „Ich kann verstehen, dass du enttäuscht bist. Aber wenn Emma schöner singen kann als du, musst du das so annehmen."

„Dann kann ich ja nie eine Hauptrolle singen!", platzte Karla heraus.

„Aber im Engelchor, da kannst du doch weiterhin singen, oder nicht?"

Karla nickte.

„Singt da nicht deine beste Freundin, Eva, mit?", fiel es Mutter plötzlich ein.

Karla nickte wieder.

„Na siehst du, Eva kann anscheinend auch nicht so schön singen, dass sie für ein Solo in Frage gekommen wäre", beendete Mutter das Gespräch.

Endlich kam der aufregende Moment der Aufführung am 24. Dezember. Die jungen Schauspieler und Sänger warteten nervös auf ihren Auftritt. Karla sah zu Emma hinüber. Die hatte ein langes weißes Kleid an mit einem breiten goldenen Gürtel. Auf ihrem Rücken waren weiße Flügel befestigt. Mir würde das viel besser stehen als Emma, dachte Karla, bevor sie auf die Bühne ging.

Die Aufführung klappte reibungslos und sie ernteten viel Applaus. Als verschiedene Leute zu Emma sagten, wie schön sie gesungen hätte, stand Karla neidisch daneben. Sie konnte sich auch nicht freuen, als Frau Beyer sagte, sie hätten alle wunderbar gespielt und gesungen.

Ihr Missmut verflog jedoch, als sie sich mit ihren Eltern ihrer Wohnung näherten. Sie würden zusammen zu Abend essen. Anschließend würde Papa im Wohnzimmer verschwinden, das seit gestern verschlossen war. Er würde die Kerzen am Christbaum anzünden, eine CD mit Weihnachtsliedern auflegen, und wenn er dann das Glöckchen läutete, durfte sie endlich ins Weihnachtszimmer. Karla konnte es kaum mehr erwarten.

Schließlich war es so weit. Karla trat in den wohlig warmen Raum und atmete tief den würzigen Tannenduft ein. Ihre Augen leuchteten, überwältigt von dem Glanz des geschmückten Baumes. Ein Geschenk zog sofort ihre Aufmerksamkeit auf sich. Es war sehr groß und flach. Als sie es auspackte, hielt sie einen Bilderrahmen in Händen, in dem drei Fotos eingeklebt waren. Sie zeigten Karla beim Schwimmen, Karla beim Basteln, Karla beim Reiten.

Fragend sah sie ihre Eltern an.

„Wir haben dir diesen Bilderrahmen geschenkt", begann ihre Mutter, „damit du noch ganz viele Fotos einkleben kannst, die zeigen, was du alles super machst."

Sie hatte damals noch nicht richtig verstanden, was ihre Eltern damit ausdrücken wollten: Dass jeder – wie der Bilderrahmen – Grenzen hat, weil keiner alles kann. Dass man das annehmen muss. Dass man sich deswegen nicht minderwertig zu fühlen braucht. Dass man selbst viele Möglichkeiten hat, die weiße Fläche im Rahmen zu gestalten – trotz der eigenen Grenzen.

Ein Gespräch mit ihrer Mutter Jahre später fiel ihr wieder ein: „Jeder hat seinen persönlichen Lebensrahmen von Gott bekommen. Manchmal verändert er sich, manchmal bleibt er so. Entweder wir ärgern uns die ganze Zeit über die Begrenzungen und werden schlimmstenfalls bitter darüber, oder wir nehmen sie an und lenken unseren Blick auf die herrlich weiße Fläche im Rahmen, die wir frei gestalten dürfen." Ihre Mutter hatte gelacht, als sie weiter sagte: „Ich will später einmal zufrieden auf ein schönes Bild schauen und nicht entdecken müssen, dass ich vor lauter Frust über den Rahmen den Inhalt vergessen habe!"

Karla schmunzelte bei der Erinnerung, nahm zufrieden einen Schluck Cappuccino und ließ sich die leckeren Weihnachtsplätzchen von Doro schmecken.

Durchkreuzte Weihnachtspläne

von Susanne Koch

Johanna wollte nur schnell die Post aus dem Briefkasten holen – da war es passiert: Auf dem Rückweg zum Haus, in der einen Hand Zeitung und Briefe, in der anderen den Besen, den sie gestern am Gartentor hatte stehen lassen, war sie mit dem Fuß umgeknickt. Sie hatte die erste Treppenstufe zur Haustür übersehen. Der Schmerz war so groß gewesen, dass sie laut aufgeschrien hatte. Wäre sie doch nur zweimal den Weg gegangen, dann hätte sie sich mit der freien Hand am Geländer festhalten können! Zum Glück hatte eine Nachbarin von schräg gegenüber alles beobachtet, die Ambulanz gerufen und in aller Eile das Nötigste für sie in eine Plastiktüte gepackt.

Jetzt lag Johanna im Krankenhaus. Und das vier Tage vor Weihnachten. Ihre Tochter mit Familie hatte sich über die Feiertage angekündigt, was leider viel zu selten vorkam. Johanna seufzte tief und ärgerte sich über sich selbst.

Eine junge Krankenschwester betrat das Zimmer. „Guten Tag, Frau Freising, ich bin Schwester Tina, wenn Sie irgendetwas brauchen, drücken Sie einfach hier auf die Klingel." Schwester Tina zeigte auf einen kleinen roten Knopf am Bett. „Sobald die Röntgenbilder von Ihrem Fußgelenk fertig sind, wissen wir, ob wir operieren müssen oder nicht. Unser Oberarzt Dr. Carlson wird nachher zu Ihnen kommen, um alles Weitere mit ihnen zu besprechen."

Johanna stockte das Blut in den Adern. Doktor Carlson – der hatte ihr gerade noch gefehlt. In der ganzen Aufregung hatte sie gar nicht daran gedacht, dass sie ihm hier möglicherweise begegnen könnte. Ihr blieb heute aber auch nichts erspart! Schwester Tina deutete ihren erschrockenen Gesichtsausdruck als Angst vor einer möglichen Operation und sagte aufmunternd: „Machen Sie sich keine Sorgen, es steht ja noch gar nicht fest, ob wir operieren müssen. Und wenn ja, sind Sie bei uns bestens aufgehoben. Dr. Carlson ist eine Koryphäe auf seinem Gebiet!"

Bevor die Krankenschwester das Zimmer verließ, sah sie aus dem großen Fenster, das einen herrlichen Blick in den Park freigab. „Wenn das so weiterschneit, haben wir dieses Jahr weiße Weihnachten!"

Johanna nickte benommen. Schwester Tina lächelte ihr zu und verließ das Zweibett-Zimmer, das im Moment nur von Johanna belegt war.

Während die Schneeflocken am Fenster vorbeitanzten, wünschte sich Johanna, in einem Mauseloch verschwinden zu können. Dieser Unfall war schon ein großes Pech, aber warum musste ausgerechnet Dr. Carlson ihr behandelnder Arzt sein?

Die Carlsons waren Johannas Nachbarn. Das große Haus mit dem riesigen Garten hatte früher ihrer besten Freundin Mara gehört, die vor einem Jahr plötzlich gestorben war. Seitdem hatte sich viel verändert. Wie sehr fehlten Johanna die Gespräche am Gartenzaun und gemütlichen Kaffeestündchen auf der einen oder anderen Terrasse. Sie waren ja beide verwitwet und lebten allein in ihren Häusern.

Schon sechs Wochen nach der Beerdigung hatten die Carlsons das Grundstück gekauft, das Johanna in den letzten Jahrzehnten zum erweiterten Zuhause geworden war. Die neuen Besitzer hatten radikale Veränderungen an Haus und Garten vorgenommen. Ständig waren Handwerker zugange, und nach kurzer Zeit war das Gelände nicht mehr wiederzuerkennen. Jeder Spatenstich, jeder neue Mauerstein nahm Johanna ein Stück mehr Vertrautes, löschte die Erinnerung an die schöne Zeit mit Mara aus. Eine unglaubliche Wut auf die neuen Besitzer gesellte sich zu Johannas Trauer um ihre Freundin.

Als die Carlsons dann im Herbst letzten Jahres einzogen, war ihr Hass auf die neuen Nachbarn so groß, dass sie ihnen in jeglicher Hinsicht das Leben schwer zu machen versuchte. Von den Mülltonnen angefangen, die keinen Zentimeter auf ihrem Grundstück stehen durften, über das Laub des alten Kastanienbaums des Nachbargartens, das die Eigentümer bitteschön aus Johannas Garten entfernen sollten, bis hin zur exakten Uhrzeit am Morgen, wann der Bordstein vor dem Grundstück vom Schnee geräumt sein musste, damit sie zum Frühstück Brötchen vom Bäcker um die Ecke holen konnte, ohne vor Maras ehemaligem Heim zu fallen. Eigentlich mochte sie gar nicht jeden Morgen frische Brötchen, aber hier ging es einfach ums Prinzip.

Am Anfang hatten die Carlsons noch versucht, eine gute Nachbarschaft aufzubauen, gaben es aber nach einiger Zeit auf.

Und nun sollte ausgerechnet dieser Nachbar ihr behandelnder

Arzt sein?! Trotz der angenehmen Zimmertemperatur fröstelte es Johanna beim Gedanken, dass Dr. Carlson in den nächsten Minuten zur Tür hereinkommen würde. Was würde er sagen? Wie würde er reagieren? Wie würde er sie behandeln?

Es klopfte. Johanna schreckte auf. Da war sie doch eingenickt gewesen. Die Tür wurde geöffnet und Dr. Carlson trat ins Zimmer, gefolgt von Schwester Tina. Johanna schnappte nach Luft und starrte den Arzt unsicher an. Auch Dr. Carlson schien die Situation sichtlich unangenehm zu sein, denn er blieb viel zu lange im Zimmer stehen und schien nach Worten zu ringen. Bald hatte er sich jedoch gefangen und lächelte sie freundlich an. „Na, Frau Freising, da haben Sie heute schon einen ordentlichen Schrecken hinter sich."

Sie brachte kein Wort über die Lippen und nickte nur.

„Aber es ist noch einmal gut gegangen. Der Knöchel ist zwar gebrochen, aber wir brauchen nicht operieren." Dr. Carlson war an ihr Bett getreten und bat Schwester Tina, den Verband abzuwickeln. Vorsichtig betastete er den Fuß.

Johanna stöhnte. Die Wirkung der Schmerztablette ließ offensichtlich nach.

„Wir legen Ihnen heute einen Gipsverband an und morgen können Sie dann wieder nach Hause. Aber Sie müssen den Fuß hochlegen und dürfen in nächster Zeit nicht damit auftreten", sagte der Arzt.

Johanna riss die Augen auf. „Aber in vier Tagen ist doch Weihnachten und meine Tochter reist an Heiligabend mit ihrer Familie aus Holland an. Ich muss noch alles Mögliche vorbereiten." Tränen schossen ihr in die Augen.

Dr. Carlson dachte kurz nach. „Wenn Sie möchten, kümmert sich meine Frau um Sie, bis Ihre Tochter kommt. Soll ich sie fragen? Dazu sind doch Nachbarn da, oder?"

„Meinen Sie wirklich?", fragte Johanna ungläubig.

„Wenn ich es doch sage", antwortete Dr. Carlson.

„Ja, das wäre nett!", brachte Johanna zögerlich hervor.

Dazu sind doch Nachbarn da, oder? Dieser Satz ging Johanna nicht mehr aus dem Kopf. Wie kann Dr. Carlson nur so nett zu mir sein, nach allem, was ich ihm und seiner Frau angetan habe?, ging es Johanna durch den Kopf, als sie wieder allein war. Zu ihrer angestauten Wut über ihn und seine Familie, die sie über ein Jahr reichlich geschürt hatte, drängten sich nun mit aller Wucht Schuldgefühle. Hatte sie wirklich das Recht dazu, diesem Paar nach Strich und Faden das Leben schwer zu machen? Es waren doch wirklich nur Kleinigkeiten, die sie zum Aufhänger für einen weiteren Konflikt nahm.

Wenn sie ehrlich war, hatte sie tief in ihrem Herzen die ganze Zeit gewusst, dass ihr Verhalten den neuen Nachbarn gegenüber nicht in Ordnung war. Aber irgendwie hatte sich alles so entwickelt und sie kam nicht mehr aus der Rolle der bösen Nachbarin heraus. Und nun war ihr Nachbar, den sie so schikaniert hatte, so freundlich zu ihr gewesen. Die Erinnerung daran trieb ihr wieder Tränen in die Augen.

Ob Frau Carlson ihr wirklich helfen würde? Johanna konnte sich das kaum vorstellen. Und wenn ja, wie würde sie sich ihr gegenüber verhalten? Beschämt erinnerte sich Johanna, wie sie der jungen Frau kurz vor dem letzten Weihnachtsfest die Tür vor der Nase zugeknallt hatte, als die ihr selbstgebackene Plätzchen vorbeibringen wollte. Johanna seufzte tief, als sie sich die Szene ins Gedächtnis rief.

Apropos Gedächtnis. Jetzt musste sie endlich ihre Tochter anrufen, um ihr von der neuen Situation zu berichten, und fischte aus ihrer Handtasche das Handy heraus.

„Das tut mir leid, Mama“, sagte die mitfühlend, als Johanna ihr erzählte, was am Morgen passiert war. „Wir kommen trotzdem. Du brauchst dir um nichts Gedanken zu machen. Ich weiß ja, wo im Haus alles zu finden ist, und die Kinder freuen sich schon so darauf, dich zu sehen. Wir bringen alles mit, was wir brauchen. Du musst dich nicht darum kümmern.“

Erleichtert legte Johanna auf.

Nach dem Abendessen klopfte es an der Tür und Frau Carlson betrat das Zimmer.

Johannas Herz begann wild zu klopfen.

„Guten Abend, Frau Freising, darf ich hereinkommen?“

„Ja, bitte!“, antwortete Johanna kleinlaut. Und nachdem sie sich etwas von der Überraschung erholt hatte, brach es aus ihr heraus:

„Frau Carlson, dass Sie überhaupt zu mir ins Krankenhaus kommen. Das, das habe ich gar nicht verdient, nach allem ...“

„Mein Mann hat mir von Ihrem Unfall erzählt. So was kann man gerade vor Weihnachten gar nicht gebrauchen, stimmt's?", fragte Frau Carlson und deutete mit dem Finger auf Johannas Bein, das in der Zwischenzeit eingegipst worden war. „Wenn Sie möchten, werde ich alles Nötige für Sie tun, wenn Sie aus dem Krankenhaus entlassen werden, bis Ihre Tochter kommt." Unsicher sah sie Johanna an.

„Ich habe das ja gar nicht verdient", begann die wieder. „Ich habe Ihnen das Leben ja so schwer gemacht!"

Eine Zeit lang war es still im Zimmer.

„Ich bin Ihnen wirklich dankbar für Ihre Hilfe. Sie sind ein Engel", meinte Johanna schließlich.

Engel? Frau Carlson sagte Johanna nicht, dass sie beim Anruf ihres Mannes alles andere als himmlische Gedanken gehabt hatte. Sie sagte nichts von dem Kampf, der in ihrem Innern getobt hatte, bis sie schließlich dazu bereit gewesen war, Johanna ihre Hilfe anzubieten, auch wenn sie ihr ihre Bosheiten immer wieder vergeben hatte. Selbst das war ihr nicht leichtgefallen. Das vergangene Jahr war wegen der vielen Schikanen ihrer Nachbarin für sie sehr belastend gewesen. Sie hatte ihren Mann nicht nur einmal gebeten, wieder wegzuziehen. Immer wieder hatte er sie getröstet und ihr Mut gemacht, nicht aufzugeben. Und nun, in diesem Augenblick, schien es tatsächlich so, dass alles gut werden könnte.

„Frau Carlson, bitte verzeihen Sie mir, dass ich so böse zu Ihnen und Ihrem Mann war. Ich ...", Johanna schluckte, „... ich musste mir erst den Fuß brechen und ins Krankenhaus kommen, um mir bewusst zu werden, wie falsch es war, was ich getan habe. Irgendwie hatte mich der plötzliche Tod meiner Freundin Mara komplett aus der Bahn geworfen. Und dann zogen Sie in ihr Haus und veränderten alles Mögliche, an dem so viele Erinnerungen hingen."

„Ich habe Ihnen vergeben", erwiderte Frau Carlson. „Wissen Sie, mein Mann und ich sind Christen. Und Jesus möchte, dass wir einander vergeben, weil Unversöhnlichkeit großen Schaden anrichtet. Jetzt freue ich mich auf den Beginn einer guten Nachbarschaft."

Johanna drückte dankbar Frau Carlsons Hand und atmete tief durch. Wie erleichtert sie sich fühlte, dass sie die Schuld ausgesprochen hatte und ihr vergeben worden war. So erleichtert, als wenn ihr eine schwere Last abgenommen worden wäre.

„Das ist mein schönstes Weihnachtsgeschenk in diesem Jahr, da bin ich mir sicher!", strahlte Johanna.

Nach dem Gespräch blickte sie nachdenklich aus dem Fenster und beobachtete ein Rotkehlchen, das auf einem schneebedeckten Ast hin und her hüpfte. In vier Tagen war Weihnachten, das Fest der Geburt von Jesus. Johanna war von den Berichten in der Bibel nie berührt worden. Und das Gerede von Vergebung und Rettung, die Jesus in die Welt brachte, hatte sie bisher übertrieben empfunden. Sie hatte geglaubt, dass sie ein anständiger Mensch war und Gott schon zufrieden mit ihr sein würde. Doch dass auch sie nicht frei von Schuld war, das war ihr nun schmerzlich bewusst geworden. „Bitte vergib mir, Gott!", flüsterte sie. Und zum zweiten Mal an diesem Tag fühlte sie sich befreit und glücklich.

Ein neuer Lebensabschnitt lag vor ihr. Sie würde in den Carlsons vielleicht neue Freunde finden, auch wenn die nie Maras Platz einnehmen konnten. Aber das brauchten sie auch gar nicht.

Mary and Joseph oder das Wunder der fünften Straße

von Hannelore Schnapp

Über Mary öffnet sich der weite graue Winterhimmel. Zarte Flocken tanzen über New York, verleihen dem monotonen Grau der Metropole an diesem besonderen Tag den Hauch von Festlichkeit. Unter ihrem alten Wintermantel trägt sie die rosafarbene Dienstuniform. Ein kalter Wind weht ihr entgegen, lässt sie den Kragen ihres viel zu dünnen Mantels höher schlagen. Schnellen Schrittes verlässt die 53-Jährige die U-Bahn.

Von Station zu Station hat sie der stählerne Wurm einer anderen Welt entgegengetragen. Sie lässt Harlem hinter sich und taucht ein in die Welt der Schönen und Reichen. Alles ist still, doch schon in wenigen Stunden wird der Verkehr zusammenbrechen. Ob Stretchlimousinen oder Taxis, ob großes oder kleines Portemonnaie, alle werden im Weihnachtswahn dieser Stadt stecken bleiben.

An den Straßenübergängen versucht dann die Polizei die Menschenmassen hinüberzugeleiten. Macy's, Tiffanys und alle anderen Läden und Kaufhäuser werden von eiligen Käufern überrannt.

An die üppige, funkelnde Weihnachtsdekoration, die tanzenden Wintertiere, den lachenden Santa Claus mit seinen Wichteln und Elfen in den Schaufenstern des Spielzeugkaufhauses „Joseph Carpenter and Son" verschwendet sie auch an diesem Morgen keinen Blick. Wie alle anderen Angestellten geht sie zum Hintereingang und fährt mit dem Personallift in die 8. Etage.

Seit 20 Jahren ist sie für die Kundentoiletten zuständig. In einer halben Stunde öffnet das Geschäft und sie wird eine Menge Münzen bekommen. Sie lebt davon. Von dem kleinen Gehalt ihres Arbeitgebers und drei weiteren Putzstellen hat sie sich und ihre drei Kinder durchgebracht. Einen Extrabonus zu Weihnachten oder Krankengeld hat die korpulente Schwarzafrikanerin in all den Jahren nicht gesehen. Die Kinder sind inzwischen ihre eigenen Wege gegangen, und ihr ist nichts mehr geblieben als das schäbige alte Loch, das sie Zuhause nennt.

Ich will nicht daran denken, dass sie mich verlassen haben, sonst drehe ich heute durch!, befiehlt sie sich. Wenn der Laden gegen 20

Uhr zumacht, werde ich mit Ruby und Jean bei mir Karten spielen und danach gehen wir in die Gospelmesse. Wir stimmen uns auf die Weihnacht ein, machen uns den Gasbrenner an, jede bringt was zu essen und zu trinken mit. Goodbye Kälte! Goodbye Einsamkeit! Merry Christmas, Mary!

Also, was soll das Gejammer. Lächeln, immer nur lächeln und „Merry Christmas, Sir!" und „Merry Christmas, Madam!".

Joseph Carpenters Limousine ist an diesem Hauptgeschäftstag im Jahr schon zeitig vorgefahren. Müde steigt der alte Mann aus.

„Wann soll ich Sie abholen, Sir?", will James, der Chauffeur, wissen.

„Gar nicht, James. Ich werde abgeholt und danach geht es direkt nach Barbados in die Sonne. Ich wünsche Ihnen frohe Weihnachten und ein glückliches neues Jahr, mein Lieber. Und danke, dass Sie einen alten Exzentriker wie mich all die Jahre ausgehalten haben."

Er lächelt und betritt wie jeden Tag seit 50 Jahren mit Gehstock und Melone den Privateingang des größten Spielwarengeschäfts der Stadt. Seit nunmehr vier Generationen ist es im Besitz der Carpenters.

Freud und Leid hängen an diesem Haus, geht es ihm durch den Kopf. Das ganze Vermögen hat niemanden glücklich gemacht. Schon als Kind gab es immer nur das Geschäft. Ich saß in einem Meer von Spielzeug, aber niemand spielte mit mir, sinniert er. Unauffällig, wie ein Fremder, sieht er sich auf jeder Etage um. Immer hat er eine kindliche Freude und Neugier an den Spielen und am Spielzeug gehabt. Er hat Metallbaukästen ausprobiert, Spielzeugautos getestet, aber heute ...

„Guten Morgen, Sir! Soll ich Ihnen Ihren Tee und Ihre Zeitung bringen?", fragt Greta, seine rechte Hand, die schon genau so lange dabei ist wie er.

„Heute nicht. Danke. Was machen Sie eigentlich heute an Heiligabend, Greta? Ich glaube, ich habe Sie nie gefragt, ob Sie eigentlich eine Familie haben."

„Nein, Sir, das haben Sie nicht. Ich habe zwei Söhne und eine Tochter und natürlich Enkelkinder. Den Weihnachtsabend feiern wir bei meiner Tochter Joyce. Wenn ich hier fertig bin, holt mich mein Schwiegersohn ab. Wissen Sie, es ist nichts Besonderes, also ich meine, Sie werden wahrscheinlich viel edler feiern. Aber es ist ein Geschenk, Weihnachten nicht allein zu sein, finden Sie nicht?"

„Oh ja, Greta. Wie recht Sie haben!"

Joseph denkt an seinen Sohn, der irgendwo in Saint-Tropez das Geld der Firma durchbringt und an seine Tochter, die in den Fängen einer Sekte hängt. Seit dem Tod seiner Frau Agnes ist keiner mehr da, mit dem er Weihnachten feiern kann, keiner, der ihn vermissen wird oder irgendjemand, der ihn einlädt. Wer auch? Nur er weiß von der unglaublich schmerzenden Einsamkeit, die sein Herz schier zu zerreißen droht.

„Machen Sie Feierabend, Greta. Ich brauche Sie nicht mehr. Und danke für alles, was Sie für mich getan haben."

„Sir, Sie meinen wirklich ...?"

„Ja, gehen Sie ruhig. Bestellen Sie sich auf meine Rechnung ein Taxi und frohe Weihnachten, Ihnen und Ihrer Familie."

Lange sieht Joseph an diesem Tag aus dem Fenster, schaut dem Trubel in den Straßen zu. Spät am Abend wird es leise in der 5. Straße. Er hört die wohlbekannte Lautsprecherdurchsage: „Wir danken Ihnen für Ihren Einkauf und freuen uns, Sie bald wieder in unserem Haus begrüßen zu dürfen. Wir wünschen Ihnen ein frohes Weihnachtsfest."

Er wartet noch eine Stunde, um sicherzugehen, dass niemand außer ihm mehr im Haus ist. Schon seit einigen Wochen hat er die Entscheidung getroffen. Alles soll ein Ende haben: dieses einsame Leben, diese unnütze Welt des Geldes und dieser falsche Schein von Reichtum und Glück.

Er hat diesen Abend genau geplant, das Fenster auf der Herrentoilette ausgewählt, um sich in den Spalt zwischen seinem Haus und dem Kaufhaus daneben zu stürzen. Niemand wird ihn sehen, ihn von seiner Tat abhalten oder ihn vermissen. Offiziell enden seine Spuren auf Barbados.

Joseph hat den Ort, an dem es geschehen soll, erreicht. Obwohl er alleine ist, schließt er die Toilettentür hinter sich zu. Dann öffnet er das Fenster.

Mann, bin ich heute spät dran, denkt Mary, die gerade das Haus in der 5. Straße verlassen will. Heute war die Hölle los. Aber für mich hat sich das richtig gelohnt. Eine Tragetasche voller Münzen.

Meine Tragetasche? Verflixt! Sie hat ihr ganzes Geld oben stehen lassen. Also, noch mal rein, in den Lift, hoch auf die 8. Etage. Hoffentlich hat Ralph vom Sicherheitsdienst die Alarmanlage noch nicht aktiviert. Aber sie braucht das Geld, um sich und ihren Nachbarinnen heute Abend noch etwas zu essen zu kaufen.

Was ist das? Als sie die Tür zum Toilettenflur öffnet, hört sie ein Geräusch aus der Herrentoilette. Einbrecher, geht es ihr durch den Kopf – oder hat sie etwa aus Versehen jemanden eingeschlossen? Sie greift zu ihrem Schirm, macht das Licht im Herrenwaschraum an und sieht, dass das Fenster hinter einer verschlossenen Tür offen ist. Ein kalter Wind weht herein.

„Wer ist da? Kommen Sie sofort raus oder ich rufe die Polizei!", droht sie mit zitternder Stimme.

Keine Antwort.

„Mann, ich weiß, dass Sie da drin sind. Kommen Sie raus. Ich hab Feierabend und will endlich nach Hause."

„Dann verschwinden Sie doch!", befiehlt die Männerstimme hinter der Tür.

„Wer sagt das? Sie haben mir gar nichts zu sagen! Kommen Sie da raus, was immer Sie auch vorhaben. Die heutigen Einnahmen sind sowieso auf der Bank und bald wird unsere Alarmanlage eingeschaltet, und dann kommen Sie hier nicht mehr raus!"

„Das Geld interessiert mich nicht. Hauen Sie ab und lassen Sie mich in Ruhe!"

Der Typ ist gar nicht hinter dem Geld her. Der ist lebensmüde, denkt Mary, und voller Entsetzen fällt ihr das offene Fenster ein – und der Abgrund zwischen den Häusern.

„Ich heiße Mary, und wer sind Sie?"

„Das geht Sie nichts an!"

„Sie können mir Ihren Namen ruhig sagen. Dann weiß ich wenigstens, was ich der Polizei sage, wenn Sie da unten liegen."

Für einige Zeit ist es ganz still, bis die Männerstimme hinter der mit Mahagoni verkleideten Toilettenkabine das Schweigen bricht.

„Joseph. Ich heiße Joseph."

„Joseph. Und ich bin Mary. Wir gehören heute Nacht zusammen. Was immer Sie dazu bewegt, sich in den Abgrund zu stürzen: Tun Sie es nicht. Nichts auf der Welt ist so schlimm, dass es lohnt, seinem Leben ein Ende zu setzen."

„Sie haben gut reden. Wissen Sie, wie es ist, einsam zu sein, ohne Partner und Liebe zu leben, verlassen von seinen Kindern, von Gott und der Welt?"

„Oh ja! Das weiß ich. Und wenn Sie da herauskommen, erzähle ich Ihnen, wie es mir ergangen ist, Joseph."

„An Weihnachten will ich nicht alleine sein. Ich bin reich, aber ich habe niemanden, der mich so liebt wie ich bin. Alle lieben nur mein Geld."

„Warum kommen Sie nicht mit mir in meine Welt, zu denen, die um ihre tägliche Existenz kämpfen müssen? Zu denen, die heute die Nacht auf der Straße verbringen, auf Drogen sind oder an der Flasche hängen. Zu denen, die ihren Job verloren haben und nicht wissen, was sie ihren Kindern zu Weihnachten schenken sollen. Oder zu den Latinos und Mexikanern, die illegal in einem dreckigen Kellerloch eine Bleibe suchen. Ich zeige Ihnen das andere Gesicht dieser Stadt, den Teil, der meine Heimat ist. Was sagen Sie dazu, Joseph?"

Lange schweigt Joseph. Viel zu lange, findet Mary! Da hört sie ein Geräusch. Der kalte Luftzug verebbt. Er hat das Fenster geschlossen, denkt Mary voller Erleichterung.

Schließlich öffnet Joseph die Tür. Ein gut gekleideter, älterer Herr steht Mary gegenüber. Irgendwie kommt er ihr bekannt vor. Er sieht sie an, diese rundliche, schwarze Frau in ihrer rosafarbenen Dienstuniform, blickt in ein freundliches, warmes Gesicht mit großen Knopfaugen.

Mary kann nicht anders, als den Mann in die Arme zu nehmen. Joseph Carpenter lässt es zu, fühlt sich in der Umarmung einer Angestellten wie ein kleiner Junge, der nach einem langen Tag nach Hause kommt. Erwartet und geliebt.

„Kommen Sie, Joseph! Es wird Zeit. Ich singe heute Nacht im Gospelchor meiner Gemeinde in Harlem. Vorher müssen wir noch etwas einkaufen. Heute war ein guter Tag!" Mary zeigt auf den Beutel mit den Münzen. „In dieser Nacht sind Sie mein Gast."

„Ich soll nach Harlem, als Weißer?" Joseph weicht zurück.

„Keine Angst, Sir! Big Mary ist da und passt auf Sie auf!"

Tatsächlich wagt es keiner der Jugendlichen, ihn anzupöbeln, weder auf der Fahrt in Marys Welt noch auf den schmutzigen Gehsteigen oder in „Barbados-World", einem Laden, in dem Mary Früchte und Geflügel kauft.

„Ich komme von Barbados und koche Ihnen ein typisches Festessen von der Insel."

„Haben Sie Familie?", fragt Joseph.

„Meine Kinder sind irgendwo in den Staaten verteilt. Sie melden sich nur, wenn sie Geld brauchen. Meine alte Mutter lebt auf Barbados. Aber für einen Flug dorthin reicht es einfach nicht. Außerdem hatte ich noch nie Urlaub bei Carpenters. Wenn ich nicht komme, gibt es kein Geld, auch nicht, wenn ich krank bin."

Joseph Carpenter schluckt. Sollte sein Reichtum auf den Schultern seiner Mitarbeiter gewachsen sein? Gleich nach Weihnachten wird er das klären.

Ein eisiger Wind pfeift durch die Straßen der großen Stadt. Als Mary die Tür zu ihrem Wohnblock aufschließt, dringt ihnen der Geruch von Schweiß und Urin in die Nase.

In der vierten Etage öffnet Mary die Tür zu ihrer winzigen Wohnung. Josephs Blicke wandern durch das Zimmer mit einem Bett, einer Couch, einem kleinen Tisch, einem einzigen Schrank und einem Fernseher. Vor dem Fenster in den Innenhof ist eine Kochstelle mit zwei Herdplatten auf einem Kühlschrank. In einem Seitenraum ist eine schmale Dusche, eine Toilette und daneben ein kleines, kaputtes Waschbecken.

„Hier wohnen Sie also!", stellt er fest und hüstelt.

„Ja, jetzt wohne ich alleine. Früher habe ich hier mit meinen drei Kindern gelebt. Ihr Vater hat sich aus dem Staub gemacht, als das dritte unterwegs war. Zu wenig Freiheit, zu viel Verantwortung hat er gemeint. So sind wir hier eingezogen. Lissy, meine Jüngste, ist dort im Bett geboren worden. Ich habe die drei großgezogen, ohne Krankenversicherung, nur mit dem Geld von Carpenter's und drei Putzstellen. Ist anders als in Ihrer Welt, nicht wahr, Sir! Setzen Sie sich. Wollen Sie einen Kaffee?"

Joseph Carpenter nickt. Ja zum Kaffee und ja, mit seinem Leben hat das alles nichts zu tun. Eine Sozialversicherung für alle Angestellten und einen festgelegten Mindestlohn für alle Hilfskräfte, das wäre eine Idee!

Joseph sieht ihr beim Kochen zu. Sie erinnert ihn an Miranda, die große Afroamerikanerin, die im Haus seiner Eltern gekocht hat. Wie gerne hat er als Kind auf ihrem Schoß gesessen und mit ihr Erbsen aus den Hülsen gepult.

Als sie an dem kleinen Tisch sitzen und essen, klopft es an der Tür. Mary öffnet. Vor ihr stehen ihre Nachbarinnen. Die hat sie in der Aufregung des Abends total vergessen.

„Ich kann nicht. Ich habe da einen Lebensmüden, der heute unbedingt meine Hilfe braucht", flüstert sie auf dem Hausflur. „Schaut nicht so besorgt. Er ist gut erzogen und ein echter Gentleman. Wir sehen uns um Mitternacht in der Kirche."

„Wer war das?", fragte Joseph.

„Meine Verabredung für heute Nacht. Meine Nachbarinnen sind auch einsam, wissen Sie."

„Sie hätten doch bleiben können. Ich kann meinen Chauffeur anrufen, dass er mich abholt."

„Sie glauben doch wohl nicht, dass die Straßenbanden ihn durchlassen. Wenn der an einer roten Ampel hält, sind ruck, zuck alle Räder weg und sein Portemonnaie und sein Handy auch. Sie kommen nur mit mir hier raus. Wollen Sie wieder zurück?"

„Nein, ich möchte noch bei Ihnen bleiben, Mary. Sie sind eine gute Frau und eine noch bessere Köchin! Ich weiß nicht, wann ich zuletzt etwas so Gutes gegessen habe."

Mary lächelt ihn an. „Nicht, dass Sie jetzt anhänglich werden, Mann!"

Gegen Mitternacht verlassen sie die Wohnung und gehen zur nahe gelegenen Kirche. Dichte Flocken tanzen über die zerfallenen Wohnblöcke, versuchen, mit ihrem weißen Kleid die Autowracks und den Müll am Straßenrand zu überdecken.

Joseph ist der einzige Weiße in der Kirche, die bis auf den letzten Platz gefüllt ist. Große und kleine schwarze Augen betrachten ihn wie einen Außerirdischen. Mitten in der Kirche strahlt ein tropischer Tannenbaum in einem Meer aus bunten Kugeln und Lichtern.

Mary ist verschwunden, bis der Gottesdienst beginnt. Dann entdeckt Joseph sie in einer nachtblauen Robe mit einem großen weißen Kragen. Von ihrem Alltag und ihrer Armut ist nichts mehr zu erkennen. Sie tritt vor den Chor und erfüllt mit ihrer tiefen, warmen Stimme die Kirche mit Gesang. „Mary had a baby ..." singt sie, und der Chor stimmt ein in sein „... oh, Lord!"

„Gott kommt in die Armut der Menschen. Er lässt sich von denen finden, die ihn nicht suchen und glauben, dass ihr Dasein keinen Sinn mehr hat. Heute ist er zu uns gekommen, um in uns zu wohnen, um in unserem Leben seine Krippe aufzustellen."

Joseph hört die Worte von Pastor Anthony ganz bewusst. Es ist wie ein Wunder. Vor einigen Stunden gab es nichts mehr, was ihn am Leben hielt, und nun findet er in dieser Kirche unter all den Armen dieser Stadt einen Sinn weiterzumachen.

Als die Gemeinde zum Segen einander die Hände reicht, gehört Joseph dazu.

Nach einer Nacht auf Marys Couch lässt er sich am nächsten Morgen von ihr zurück in seine Welt bringen.

„Danke, dass Sie mir das Leben geschenkt und mir gezeigt haben, was ich noch alles zu tun habe, bevor Gott mich eines Tages zu sich holt. Wie Sie sehen, wartet mein Chauffeur bereits auf mich. Wie gut, dass es diese praktischen kleinen Mobiltelefone gibt. Wir werden uns wiedersehen. Frohe Weihnachten, Mary!"

„Das wünsche ich Ihnen auch, Sir!"

Mary sieht ihm nach, als er in seine Stretchlimousine steigt und davonfährt.

Zum Beginn des neuen Jahres sitzt Mary längst wieder in Uniform vor den Kundentoiletten des Hauses Carpenter. Plötzlich steht eine junge, in grauem Kostüm gekleidete Dame vor ihr.

„Ich bin Susan aus der Personalabteilung. Wenn Sie mir bitte ins Büro folgen würden."

Mary bekommt weiche Knie. Sie denkt an Joseph. Hat sie irgendetwas falsch gemacht? Hätte sie den Vorfall melden müssen?

Ängstlich und unsicher folgt Mary Susan in die oberen Stockwerke des Hauses. In der Chefetage verlassen sie den Lift. An den Wänden sieht sie Bilder der Familie Carpenter. Ein Bild kommt ihr merkwürdig bekannt vor.

„Sir, hier ist die Angestellte, die Sie sprechen wollten." Susan hat die Tür zu einem Büro geöffnet. Marys Blick fällt auf einen Mann, der aus dem Fenster schaut und ihr den Rücken zukehrt.

„Danke, Susan. Sie können jetzt gehen! Kommen Sie rein, Mary, und nehmen Sie Platz!"

Mary folgt der Aufforderung und setzt sich in einen der großen schwarzen Ledersessel.

„Es tut mir leid, Ihnen sagen zu müssen, dass Sie entlassen sind. Wir haben uns entschieden, Sie nicht mehr als Toilettenfrau in unserem Haus zu beschäftigen."

Gekündigt! Nach all den Jahren! Mary ist wie vor den Kopf gestoßen. Tränen füllen ihre Augen, ihre Stimme schwankt.

„Sir, was habe ich falsch gemacht? Ich bin doch schon so viele Jahre bei Ihnen und ...!"

„Sie haben nichts falsch gemacht, im Gegenteil", sagt der Mann, als er sich umdreht. „Ich bin Joseph Carpenter und Sie haben mir das Leben gerettet, Mary. Und weil Sie eine so fantastische Köchin sind, werden Sie in Zukunft für ein festes Gehalt für mich kochen und in einer Dienstwohnung auf meinem Anwesen wohnen. Sie werden kranken- und sozialversichert und Ihre Freundinnen sind herzlich eingeladen."

Mary weiß gar nicht, wie ihr geschieht.

„Sir ...", stammelt sie.

„Keine Widerrede! Sie fangen gleich nach Ihrer Reise an!"

„Welche Reise?"

„Nach Barbados zu Ihrer Mutter. Sie erwartet Sie schon. Ich habe mit ihr telefoniert."

„Und Sie, Sir?"

„Und ich? Ich komme mit. Schließlich bin ich der Pilot!"

Der Friedefürst und die Friedensfürstin

von Monika Büchel

Herr Meininger stand mit einem Ruck vom Sessel auf, schritt mit energischen Schritten zur Tür und knallte sie hinter sich zu. Der Christbaumschmuck erzitterte und die Flammen der Kerzen flackerten wild im plötzlichen Luftzug. Die Geschenke lagen unausgepackt auf dem Tisch. Frau Meininger saß aufgebracht auf dem Sofa. Es war Heiligabend.

Wie Friederike diese Szenen hasste, wenn ihre Eltern sich stritten. Es war immer dasselbe: Erst gab ein Wort das andere. Dann schwoll Vaters Stimme an. Dann kreischte Mutter. Dann wurde Vaters Hals rot. Dann sprach Mutter die gefährlichen Sätze aus, die alle mit „Du bist ..." begannen. Dann platzte Vater der Kragen.

Diesmal war der Auslöser, dass ihr Vater im Jogginganzug zur Bescherung ins Wohnzimmer gekommen war.

„Wenigstens zu diesem Anlass hättest du dich umziehen können", zischte Mutter ihn an. Und der Streit ging los.

Es war Heiligabend, und die Stimmung war auf dem Nullpunkt. Was war eigentlich passiert, dass sich ihre Eltern seit einem halben Jahr immer wieder so zankten?

Friederike fühlte Wut in sich aufsteigen. Wenigstens an Weihnachten hatte sie auf Harmonie gehofft. Wenigstens an Weihnachten wollte sie einen Schimmer von heiler Welt erleben. Nun hatten ihre Eltern ihr das Fest vermasselt, alles kaputt gemacht.

Am liebsten hätte sie geschrien: „Hört auf! Hört doch endlich auf!" Aber Angst lähmte sie, die sich in ihr breitmachte und ihre Kehle zuschnürte. Angst, dass sich ihre Eltern scheiden lassen würden und ihre Welt mit ihren 14 Jahren auseinanderbrechen könnte. Sie liebte sie doch – beide.

Außerdem fühlte sie sich als Versagerin. Einmal hatte sie gelesen, was ihr Name bedeutet: Friedensfürstin. Aber sie schaffte es nicht, Frieden zwischen ihren Eltern zu stiften, obwohl sie sich so sehr danach sehnte. Sie wusste ja nicht mal, wie sie das anfangen sollte.

„Scheiß Weihnachten!", stieß Friederike hervor und rannte aus dem Zimmer.

„Friederike“, hörte sie ihre Mutter rufen. Doch sie ließ sich nicht aufhalten. Nur weg von dieser verpesteten Atmosphäre. Nur weg aus diesem friedlosen Haus. Nur weg von ihren Eltern. In Windeseile zog sie ihre Winterjacke und Schuhe an, öffnete die Haustür und schlüpfte leise hinaus. Keiner sollte sie zurückhalten können.

Friederike spürte nicht den heftigen Regen, während sie die Straße Richtung Stadtmitte hinunterlief und dann rechts zum Haus ihrer besten Freundin Anna abbog.

Sie klingelte Sturm, und als Herr Baumann, Annas Vater, etwas irritiert die Tür öffnete, stürzte sie wortlos hinein.

„Friederike, was ist mit dir?“, fragte er überrascht. „Ist zu Hause ein Unglück geschehen?“

Anna und ihre Mutter kamen in den Flur gerannt.

„Meine Eltern haben – wieder mal Stress miteinander – und ich, ich bin von – zu Hause weggelaufen.“ Friederike atmete schwer. Frau Baumann nahm das zitternde Mädchen in den Arm.

„Komm erst mal rein in die warme Stube“, meinte sie und strich ihr beruhigend über den Rücken. „Du bist ja ganz nass.“

„Ich ruf deine Eltern an, damit die wissen, wo du bist, sonst machen sie sich noch Sorgen. Oder willst du selbst mit ihnen sprechen oder eine SMS schreiben?“, wollte Herr Baumann wissen.

„Nein“, wehrte Friederike eilig ab. „Ich gehe auch nicht wieder zurück. Ich hasse sie.“ Der Schmerz tief in ihrem Innern, den sie so lange in sich verschlossen hatte, kroch unaufhaltsam ihre Kehle hinauf und brach in heftigen Schluchzern aus ihr heraus. Tränen rannen Friederike über die Wangen.

Erschrocken sahen sich die Baumanns an.

Anna fing sich als Erste wieder. „Rike kann doch wieder bei mir im Zimmer übernachten“, schlug sie vor.

„Möchtest du das, Friederike? Ich meine, weil doch heute Weihnachten ist und deine Eltern sicher mit dir zusammen ...“, begann Frau Baumann. Doch Friederike unterbrach sie.

„Ich würde gern bleiben, wenn ich darf.“

Nicht lange danach klingelte es. Wieder ging Herr Baumann zur Haustür und Friederike hörte die aufgeregte Stimme ihrer Mutter.

„Ich will sie nicht sehen und ich gehe auch nicht mit ihr zurück!“, wiederholte Friederike trotzig ihren Entschluss. Ihre Eltern hatten ihr mit ihrer ewigen Streiterei weh getan, jetzt wollte sie ihnen weh tun. Alle Welt sollte wissen, wie gemein ihre Eltern zu ihr waren.

„Musst du auch nicht", beruhigte sie Frau Baumann und verließ das Wohnzimmer.

Lange unterhielten sich die beiden Frauen in der Küche. Anna zeigte währenddessen ihrer Freundin, was sie geschenkt bekommen hatte, und schenkte ihrerseits Friederike ein Beauty-Päckchen mit allerlei Cremes. Die hatte in der Eile vergessen, ihr Weihnachtsgeschenk für Anna mitzunehmen. „Mein Geschenk kriegst du noch", versprach sie.

„Sag mal, Rike, war es bei dir zu Hause echt so krass?", fragte Anna zögerlich.

Stockend erzählte Friederike ihrer Freundin, was genau passiert war.

„Weißt du, bei uns ist es nicht so wie bei euch. Mit dem Jesus und so", erklärte Friederike zum Schluss. „Bei uns sind an Weihnachten nur die Geschenke wichtig, der Christbaum und gutes Essen."

Herr Baumann war zurückgekommen und hatte die beiden letzten Sätze gehört.

„Das gehört schon zu Weihnachten dazu", meinte er. „Aber das Allerwichtigste ist, dass Gott seinen Sohn Jesus auf die Erde geschickt hat. Deswegen feiern wir ja Weihnachten, um uns daran zu erinnern. Jesus ist Mensch geworden, damit er am eigenen Leib spüren konnte, wie es ist, traurig, enttäuscht und verletzt zu sein. Er ist auch gekommen, um Frieden zu bringen, in die Welt und in die Herzen derer, die ihn lieben. Er will denen, die es wollen, helfen, Streit und Unfrieden zu überwinden. Deswegen heißt Jesus auch der Friedefürst."

„So heiße ich auch, Friedensfürstin", platzte Friederike in die Rede von Herrn Baumann. Der sah sie verständnislos an. „Friederike heißt Friedensfürstin", erklärte sie. „Aber ich schaffe es nicht, Frieden zwischen meinen Eltern zu stiften", fügte sie resigniert hinzu.

„Das wäre auch zu viel von dir verlangt", erwiderte Herr Baumann. „Aber der Friedefürst Jesus, der kann das, wenn man ihn darum bittet."

„Ich schlage vor, dass ich jetzt erst mal einen Tee koche. Anna, holst du die Schale mit den Plätzchen?", forderte Frau Baumann ihre Tochter auf, als sie Frau Meininger verabschiedet hatte. Die beiden Frauen hatten sich darauf geeinigt, dass Friederike die Nacht bei Baumanns bleiben könne, aber am nächsten Morgen nach Hause gehen müsse. „Und dann könnten wir doch etwas spielen, damit wir alle ein bisschen auf andere Gedanken kommen", schlug sie vor.

In der friedlichen Umgebung fühlte sich Friederike geborgen. Sie setzte sich an den warmen Kachelofen und zog den harzigen Tannenduft des Christbaums tief ein. Langsam verblasste ihre Wut auf ihre Eltern und ihre Enttäuschung über das verdorbene Fest zu Hause.

Nach dem Frühstück am nächsten Morgen ging Friederike zurück zu ihren Eltern. Die Wintersonne schien von einem blassen Himmel. Friederike fühlte sich elend. Sie hatte in der Nacht nicht gut geschlafen und ihr Herz pochte immer lauter, je mehr sie sich ihrem Elternhaus näherte. Anna begleitete sie bis zum Gartentor.

„Wird schon gut gehen", versuchte Anna ihre Freundin aufzumuntern, die wusste, dass sie sich ihren Eltern allein stellen musste.

Vorsichtig öffnete Friederike die Haustür. Sie war darauf gefasst, dass ihre Eltern ein Riesentheater machen würden: Wie kannst du uns nur so was antun? Wie kannst du an Heiligabend in eine fremde Familie hineinplatzen und deren Fest vermiesen? Was hast du dir eigentlich dabei gedacht? Du hast uns vor anderen blamiert! Was werden die jetzt von uns denken! Dein Taschengeld für die nächsten vier Wochen ist hiermit gestrichen!

Es war unheilvoll still, als Friederike ihre Schuhe auszog und säuberlich auf die Schuhablage stellte. Etwas, was sie sonst nie machte. Doch jetzt galt: bloß nicht noch mehr Zündstoff liefern.

„Mama", rief sie mit belegter Stimme, weil sie dachte, ihre Eltern hätten sich schon wieder gestritten, womöglich sogar wegen ihr.

Die Wohnzimmertür flog auf und ihre Mutter lief ihr entgegen und umarmte sie. „Ich bin so froh, dass du wieder da bist."

Hinter ihr erblickte Friederike ihren Vater. „Na, du Ausreißerin", sagte er und lächelte ein wenig verlegen.

Friederike glaubte zu träumen. Sie brachte keinen Ton hervor und sah ihre Eltern ungläubig an. Wo blieben die Vorwürfe, wo die Anklagen, wo blieb die Bestrafung?

„Wir haben auf dich gewartet", fuhr ihre Mutter fort. „Wir müssen doch noch die Bescherung nachholen."

Später saßen sie etwas steif zusammen und Mutter erzählte, wie sehr sie sich vor Frau Baumann geschämt hatte, zugeben zu müssen, dass es in ihrer Ehe kriselt. Dass sie und Papa nur um sich selbst gekreist waren und dabei nicht bemerkt hatten, wie sehr Friederike unter der gespannten Atmosphäre litt. „Das tut uns beiden sehr leid", sagte sie. „Bitte verzeih uns!"

Dann erzählte sie weiter, wie bestürzt sie und Vater gewesen waren, als Friederike davongelaufen war, und wie sie das so aufgerüttelt hatte, dass sie und Papa endlich zugaben, Probleme miteinander zu haben, die sie bitter und unversöhnlich gemacht hatten. Und dass sie Hilfe brauchten, um sie überwinden zu können.

„Papa und ich werden gleich im neuen Jahr zu einer Eheberatung gehen", verkündete Mutter.

Friederike atmete auf. Es hatte doch etwas Gutes gehabt, dass sie weggelaufen war. Letztendlich hatte sie ihrem Namen alle Ehre gemacht, wenn dadurch wieder Friede zwischen ihren Eltern einkehrte. Und da war ja auch noch der Friedefürst, der dabei helfen konnte.

Der Weihnachtsbaum, der stank

von Ralf Mühe

Einen Weihnachtsbaum zu besorgen, das ist nichts für Weichlinge. Zumindest nicht in unserer Familie. Schön soll er sein: ebenmäßig, stattlich und nach Möglichkeit auch noch preisgünstig. All das wies mein Exemplar von Tanne auf. Es thronte seit Tagen schon auf einem Putzeimer in der Garage. Sauber in ein Netz eingeschnürt.

Ich hatte den Baum wenige Tage zuvor selbst aus einer Schonung geholt. Dabei war ich wahrhaftig nicht der Einzige. Es wimmelte geradezu von Leuten, die wie ich nur eines im Sinn hatten: einen prächtigen Baum vom Stamm weg ins Wohnzimmer zu holen. Der Schnee auf den Pflanzen war bereits alt. Alles war steinhart gefroren. Das war auch der Grund, warum ich ohne meine Familie mit einer Handsäge durch den Baumbestand schritt. Niemand friert gern. Schon gar nicht für einen Weihnachtsbaum.

Mein Alleingang barg ein gewisses Risiko. Je vollständiger meine Familie beim Baumholen dabei ist, desto maßvoller fällt später die Kritik aus. Sätze wie: „Wo hast du eigentlich hingeschaut, als du diesen Baum ausgesucht hast?" gehören bei uns in die gehobene Kategorie der Fragestellungen. Nein, diesmal hatte ich alles richtig gemacht. Wie gemalt stand er da, wo zahlreiche frische Baumstümpfe darauf hinwiesen, dass die Auswahl enger geworden war. Schwer beladen mit Schnee hatte er mit seinen ausladenden Zweigen meine Aufmerksamkeit auf sich gezogen. Ehe ich Hand anlegte, vergewisserte ich mich, dass ich den Wertbon bei mir hatte. Er erlaubte mir, ohne weitere Kosten meinen Weihnachtsbaum „zu schlagen". Ich zog es vor, ihn abzusägen, denn durch Schläge allein hat sich meines Wissens noch kein Baum von der Stelle bewegt.

Nun lag er im Wohnzimmer vor mir, mein Baum. Er hatte auf dem Weg von der Garage ins Wohnzimmer eine leichte Wasserspur und Nadeln hinterlassen.

Das Weihnachtsbaum-Netz zu durchtrennen gleicht jedes Jahr neu einer Denkmalenthüllung. Man weiß zwar, was sich darunter verbirgt, und doch stellt sich eine gewisse Spannung ein. Die angenehme Erinnerung sucht sozusagen nach der Bestätigung. Mit einem der ersten frei gewordenen Zweige fegte der Baum mir schon mal wirsch durchs Gesicht. Zum Glück hatte ich den Flug meiner Brille beobachten können. Sie folgte dem Gesetz der Schwerkraft und landete in einem sanften Bogen weich auf dem Teppich. Ich hätte den Zweig aus Rache abknicken mögen. Aber ich beherrschte mich – wie so oft im Leben.

Als ich das letzte Stück des grünmaschigen Netzes wegriss, hatte es dann doch einen der empfindlicheren Zweigspitzen erwischt. Kein Problem: Das würde der Teil sein, der in der Ecke verschwinden musste. Als der Baum endlich im Ständer aufrecht stand, trat ich begutachtend ein paar Schritte zurück.

„Was, das soll unser Weihnachtsbaum sein?" Meine Tochter war wie aus dem Nichts auf der Bildfläche aufgetaucht. Das Überraschungsmoment in ihrer Stimme war mir nicht entgangen. „Was denn sonst?", reagierte ich leicht gereizt, „denkst du, es sei der Weihnachts*mann*?" Sie drückte sich ebenso schnell weg wie sie gekommen war. Aber nur, um gleich darauf mit Verstärkung wieder zu erscheinen. Ich weiß nicht, was schlimmer war. Ihre leichtzüngige Bemerkung vor wenigen Minuten oder das konzertierte Schweigen meiner Familie jetzt. Ich versuchte zu erkennen, was in aller Welt sie an dem Baum so sehr bannte. Waren es die Zweige im oberen Drittel? Ich musste zugeben, dass sie mit Schnee und Eis beladen keine derartige Fehlstellung aufgewiesen hatten. Lösungsmöglichkeiten schossen mir durch den Kopf. Ich würde dem Baum so eine Art Zahnspange verpassen. Die Korrekturmöglichkeiten reichten vom Fixieren durch einen starken Draht bis hin zum Beschweren mit wassergefüllten Christbaumkugeln. Aber ich sagte nur: „Er muss erst mal entspannen", wie um ihn zu verteidigen. „Wenn die Glocken und Kerzen angebracht sind ..."

„Er stinkt!", unterbrach mich meine Frau kurz angebunden. Endlich war das Geheimnis gelüftet. Das war es also! Augenblicklich verfiel mein Nachwuchs in ein vielstimmiges „Iiiih!". Mit einer geradezu unverschämten Theatralik fassten sie sich an die Nasen. Jemand öffnete gar die Tür zur Terrasse.

„Er stinkt nach Katzenpisse!" Diese derbe Präzisierung wäre nun nicht notwendig gewesen. Aber zutreffend war sie, das musste ich zugeben. Sie ließ mich erkennen, was ich bis dahin eher im Unterbewusstsein wahrgenommen hatte: Die Luft war tastsächlich von einer scharfen, alles durchdringenden Ausdünstung geschwängert.

„Vielleicht war es ja ein Wiesel, ein Marder oder ein Reh", warf ich ein. Romantischer wurde der Gestank davon nicht. Der von Salmiak beherrschte Anteil der Luft war überwältigender als der hartnäckigste Schnupfen. Ein regelrechter Rachenputzer. Mein scherzhafter Vorschlag, bei allen Besuchern Geld für eine Aromatherapie einzunehmen, geriet noch nicht einmal ansatzweise zum Schenkelklopfer.

„Wir entsorgen den Baum und kaufen einen anderen", schlug ich vor.

„Wo willst du jetzt noch einen Weihnachtsbaum bekommen?", fragte meine mir angetraute Bedenkenträgerin.

Sie hatte nicht ganz Unrecht. Es war bereits später Vormittag des 24. Dezembers. Ich wollte es dennoch probieren, erhielt aber von meiner Familie dafür kein Votum.

„Ach nein, lass es", meinte meine Frau, „vielleicht können wir den Gestank mit Duftölen ..." Sie suchte offensichtlich nach dem passenden Begriff, der sowohl dem Baum als auch meiner angeschlagenen Psyche gerecht würde. „... neutralisieren!", ergänzte ich. Und sie nickte.

Mit einem Hauch von Hoffnung, dass dieses Weihnachtsfest doch noch nicht verloren wäre, wagte ich einen neuen Vorstoß. „Was haltet ihr von einer wunderschönen Nordmanntanne?"

Allen schien auf der Stelle klar zu sein, dass ich von einem Kunststoffbaum des örtlichen Baumarkts sprach. Ich wurde mit einem vielstimmigen Nein der Entrüstung niedergebrüllt.

„Ein formvollendeter Baum."

„Nein, dann lieber dieser Stinker!" Jetzt fühlte ich mich persönlich gekränkt.

„Ein Baum, der wunderschön ist und nicht nadelt."

„Nein, mit den Nadeln können wir leben!"

„Ein Baum, der keinerlei Allergien auslöst."

„Nein, nein und nochmals nein!"

Auch mein letzter Pfeil aus dem Köcher guter Argumente hatte sein Ziel verfehlt. Einen Weihnachtsbaum aus Kunststoff konnte ich also ein für alle Mal abhaken.

Ich erinnerte mich in diesen Augenblicken an eine Begebenheit, die meine Mutter mir und ich meiner eigenen Familie vermutlich schon zu oft erzählt hatte; denn als ich damit aufwarten wollte, rollten diese ätzenden Teenager gelangweilt die Augen zur Decke.

„Nicht schon wieder, Papa. Die Geschichte erzählst du doch jedes Jahr." Es folgten überstürzte Fluchtbewegungen.

Da stand ich nun allein mit dem Baum. Gedemütigt, verärgert und ratlos. Mir war die Lust, Weihnachten zu feiern, gründlich vergangen. Ich wünschte mich an einen Ort, wo ich das Fest hätte ausfallen lassen können.

Ach richtig, *Sie* haben ja diese Episode unserer Familiensaga noch nicht gehört. Also: Meine Großmutter hatte sich einst zu spät für den Kauf eines Weihnachtsbaums entschlossen. Das war geplant und ein Teil ihrer Spartaktik. Sie wollte so lange warten, bis die Preise in den Keller gefallen sein würden. Großmutter hatte allerdings zu hoch gepokert. Als sie loszog, gab es keinen Nadelbaum mehr. Die Händler hatten bereits ihre Verkaufsstände geräumt und nur ein paar Tannenzweige hinterlassen. Wenigstens die konnte die sparsame Frau zusammenraffen. Ich weiß nicht, wann ihr der Plan kam, daraus einen Weihnachtsbaum zu schaffen. Aber mich beeindruckt bis heute ihre Beharrlichkeit. Aufgeben, das war nicht ihr Ding.

Zu Hause angekommen, bohrte Großmutter in mühseliger Handarbeit x-fach einen Besenstiel an und drapierte ihn mit dem gesammelten Tannengrün. Es soll der merkwürdigste Weihnachtsbaum gewesen sein, den man je in meiner Familie zu Gesicht bekommen hatte.

Nun, mein „Duftbaum" hatte das Zeug zur würdigen Nachfolge. Mit seinem sehr eigenen Odor würde er sich unauslöschlich in unsere von Geruchsrezeptoren gebundenen Erinnerungen einprägen. Damit barg er zwar das Potenzial für Anekdoten, aber bis wir darüber lachen würden, musste ich erst mal dieses Weihnachtsfest überstehen. Mir graute schon vor den zu erwartenden Kommentaren. Ich kenne doch in der Verwandtschaft die Leute mit den spitzen Zungen.

Ich schraubte den Baum aus der Halterung und schleifte ihn hinter mir her in den Keller. Dort wollte ich ihn ohne die Anwesenheit von Zeugen so weit kürzen, dass der Stumpf mit der Duftmarke nach Möglichkeit nicht mehr ins Wohnzimmer kommen sollte.

Die Operation gestaltete sich schwieriger als ich dachte. Der Bereich der Werkstatt, der als mein Hoheitsgebiet gilt, war von meiner Frau großzügig in Beschlag genommen worden: Es gab Getränkevorräte, Kuchen, vorbereitete Mittagessen und diverse Nachtischkreationen soweit das Auge reichte. Ich hatte Probleme, meine Fußspuren nicht in einer Auflaufform oder auf einem Kuchenblech mit Donauwellen zu hinterlassen. Es war der reinste Hindernislauf.

Während ich mir nach vorn schauend einen Weg bahnte, riss der Baum hinterrücks mit der Spitze die Abdeckung von einer Schüssel und touchierte das Tiramisu. Ich entfernte die Anhaftungen des italienischen Desserts sorgfältig aus der Tannenspitze und spachtelte danach die Oberfläche in der Schüssel wieder glatt. Als an den hohen Festtagen die Frage aufkam, wie wohl Tannennadeln in den Nachtisch gelangen konnten, hielt ich mich vornehm zurück. Alles, was man sagt, muss wahr sein. Aber nicht alles, was wahr ist, muss man sagen.

Dank des baumchirurgischen Eingriffs wurde die Tanne zwar kürzer, stank aber immer noch. Ich hatte den Kellerraum mehrfach verlassen, um mit neutralisiertem Riecher zeitversetzt Schnüffeltests durchzuführen. Meine Hoffnungen waren enttäuscht. Außerdem hatte ich gleich zweimal die Handsäge angesetzt; denn die Ausrichtung der mittlerweile untersten Zweige erwiesen sich als Beleidigung für das an Ästhetik gewohnte Auge. Hatte ich im Sommer nicht noch etwas vom Wunder des Goldenen Schnitts in der Natur gelesen? Es beschreibt das nahezu exakte mathematische Verhältnis, das die Blattstellungen vieler Pflanzen charakterisiert. All das schien an diesem Gewächs spurlos vorübergegangen zu sein. Es ließ weder Symmetrie noch Asymmetrie, sondern eher ein Zufallsprinzip und darüber hinaus einige trockene Zweige erkennen. Das Einzige, was diesen Baum jetzt rettete, war die Gnade der späten Stunde. Eine Alternative zu ihm gab es eben nicht.

Beim Entsorgen des Baumstumpfes im Garten küsste mich unvermittelt die Muse. Vor meinem inneren Auge entfaltete sich der Erzählstoff für eine eindrucksvolle Weihnachtsgeschichte. Stellen Sie sich einen Jungen vor. Nennen wir ihn Lars. Im Sommer erst hat sein Vater die Familie verlassen, sodass die Mutter ihre vier Kinder mehr schlecht als recht durchzubringen versucht. Nun hat Lars im Werkunterricht aus Holz eine Weihnachtskrippe gebastelt. Sie soll in diesem Jahr den Altar der Kirchengemeinde schmücken. Aber beim Aufstellen ist die Futterkrippe nicht mehr zu finden. Jemand muss sie weggenommen haben. Oder sie ist verloren gegangen? Das Wichtigste fehlt also.

Nun, Sie ahnen es schon: Lars findet den abgesägten Stumpf meines Baumes. Gegen alle Regeln der Kunst schnitzt er aus dem frischen Holz noch schnell eine Futterkrippe. Sie passt aber so ganz und gar nicht zum Rest und lenkt somit unwillkürlich die Blicke der Betrachter auf sich. Als der Pfarrer während der Predigt sie als Veranschaulichung in die Hand nimmt, geht ein bewunderndes Raunen durch die Gemeinde. „Sie ist ein exzellentes Beispiel für die Demut unseres Herrn. Er kam als Baby in diese Welt. Man kann seine Niedrigkeit geradezu – riechen!“ Lars' Augen suchen die seiner Mutter. Endlich sieht er sie wieder strahlen. Jetzt kann Weihnachten werden. Alles ist gut geworden.

Ich halte mich eigentlich nicht für einen sentimentalen Typ. Aber meine Weihnachtsgeschichte trieb mir vor Rührung die Tränen in die Augen. So oder ähnlich mögen wir sie doch. Herzergreifend und mit einem glücklichen Ausgang. Jahr um Jahr. Auch in der tausendzweiundachtzigsten Variation.

Als die vom Baum zum Bäumchen mutierte Tanne schließlich geschmückt auf einem Beistelltisch das Wohnzimmer zierte, war sie noch immer keine Schönheit. Auch einen wirklichen Wohlgeruch verbreitete sie nicht. Aber ob Sie es glauben oder nicht: Mittlerweile hatte ich zu dieser eigenwilligen Tanne eine innere Beziehung entwickelt. Sie war zu *meinem* Baum geworden. Die Arbeit, die ich in ihn investierte, die Geduld und der Schweiß haben ihn zu dem gemacht, was er jetzt war. Damit unterschied er sich markant von allen anderen Weihnachtsbäumen.

Möglicherweise geht es Gott mit uns Menschen genauso. In vielen Belangen sind wir ja durchaus nicht die, die er sich wünscht. Vielleicht nerven wir ihn oder tragen dazu bei, dass er sich unseretwegen blöde Sprüche anhören muss. Aber er liebt uns zu sehr und hat schon zu viel investiert, um uns jetzt noch aufzugeben. „Wenn er uns den Sohn geschenkt hat, wird er uns dann noch irgendetwas vorenthalten?“

Diese Wertschätzung von Gott für uns Menschen finde ich einfach nur faszinierend.

Ein ganz besonderer Weihnachtsduft

von Anke Dehlfing

Weihnachten duftet nach Tannengrün. Meine Frau Theresa verwendet eine ganze Wagenladung davon, um pünktlich zum ersten Advent für all ihre Freundinnen Kränze zu binden. Weihnachten duftet nach Zimt und Nelken, nach Glühwein und Lebkuchen, nach Gänsebraten und Rotkohl. Bis zu meinem 67. Lebensjahr roch Weihnachten für mich genau so. Aber dann gab es ein Weihnachtsfest der besonderen Art, an dem Weihnachten für mich eine neue Geruchs- und Geschmacksnote bekam.

Alles begann mit unserer Tochter Heike. Seit etlichen Monaten ging sie regelmäßig in eine Kirchengemeinde. Ich hatte mich noch nie für die Kirche begeistern können. Deshalb hatten wir Heike nicht fromm erzogen und auch als Baby nicht taufen lassen. Sie sollte einmal selber entscheiden, an was sie glauben wollte. Genau das hatte sie nun getan.

Sie gehörte dort sogar zu einer Bibelgesprächsgruppe. Sehr befremdlich für mich als denkendem Menschen. Vielleicht ist es Teil ihrer Midlife-Crisis, dachte ich. Frauen können da manchmal sehr extrem sein. Theresa zum Beispiel hatte damals den Motorradführerschein gemacht. Na ja, Heike kann ja tun und lassen, was sie will. Alt genug ist sie. So lange sie mich damit in Ruhe lässt ...

Doch dieser Wunsch erfüllte sich nicht. Heikes neu gefundener Glaube betraf auch uns, als sie im Advent verkündete: „Ich werde dieses Jahr Heiligabend nicht zu euch kommen."

Ich glaubte, nicht richtig gehört zu haben. Heike, unsere einzige Tochter, wollte zum ersten Mal in ihrem Leben nicht mit uns Weihnachten feiern?

Auch Theresa sah irritiert aus. Doch dann lächelte sie: „Hast du einen Freund, mit dem du feiern willst? Bring ihn doch einfach mit!"

Meistens reagierte Heike allergisch, wenn ihre Mutter Hoffnung auf Erweiterung der Familie anklingen ließ. Doch dieses Mal überging sie das Thema einfach und erklärte: „In unserer Kirche gibt es am Heiligen Abend eine gemeinsame Feier. Ich möchte gerne dabei sein. Wir essen miteinander und es kommen ganz unterschiedliche

Leute. Jeder ist eingeladen. Gerade auch die, die in unserer Gesellschaft Weihnachten meistens außen vor sind. Alleinstehende, Ausländer ..."

„Du willst mit wildfremden Menschen Weihnachten feiern und uns hier alleine lassen?", fragte Theresa entgeistert.

„Ach Mama, ihr habt doch euch. Ich bin jetzt vierzig Jahre alt und komme jedes Jahr Weihnachten brav nach Hause. Ich möchte einfach mal etwas anderes machen."

„Und wir? Was sollen wir machen, wenn du nicht kommst?" Theresa wirkte fast ein wenig panisch. Auch mir war nicht so recht wohl bei dem Gedanken, den Heiligen Abend ohne Heike zu verbringen.

„Weihnachten ist doch das Fest der Familie", erinnerte ich meine Tochter.

„Weihnachten feiern wir den Geburtstag von Jesus", entgegnete sie. „Das ist der eigentliche Sinn von Weihnachten. – Wenn ihr nicht alleine feiern wollt, könnt ihr ja mitkommen!", fiel ihr plötzlich ein.

Mir blieb die Spucke weg. „Heike!", sagte ich erbost. „Was soll das? Du weißt genau, dass ich nicht in die Kirche gehe. Ich konnte damit noch nie etwas anfangen. Und gerade an Weihnachten, wo alle Kirchen überfüllt sind! Da sind all die Leute, die das ganze Jahr nicht hingehen. Was tun die an diesem Tag dort? Sie können mit Gott und Glauben doch auch nichts anfangen. Sie frönen nur ihrer Sentimentalität. Oder sie wollen in ihrem neuen Pelzmantel gesehen werden."

„Niemand trägt heute mehr Pelzmäntel", konterte Heike. „Die Zeiten ändern sich, Papa. Und vielleicht ist die Kirche ja auch ganz anders, als du sie kennengelernt hast. Du warst doch immer offen für Neues. In unserer Kirche wird viel Wert auf Gemeinschaft gelegt, auf das Miteinander. Auch mit denen, die sich nicht mit äußeren Werten brüsten können. Im Betriebsrat hast du dich doch auch immer für soziale Gerechtigkeit eingesetzt. Findest du das nicht gut, gerade an Weihnachten Solidarität mit Schwächeren zu zeigen?"

Diese Frage konnte ich schlecht verneinen. Aber tief in meinem Herzen wurde mir bewusst, dass es etwas anderes ist, ob man sich politisch für gerechte Strukturen einsetzt oder ob man mit Menschen, die einem fremd sind, an einem Tisch sitzt. Außerdem war mir nicht wohl bei dem Gedanken, Weihnachten unter Ausländern und Obdachlosen in einem kargen Gemeinderaum zu feiern, statt in meinem schönen Wohnzimmer!

Kleinlaut sagte ich: „Ich kenne die Leute dort doch gar nicht. Ist es denn schlimm, wenn ich Weihnachten lieber mit meiner Frau und meiner Tochter feiern möchte?“

Auch Heike lenkte ein: „Nein, natürlich nicht. Aber ich habe durch den Glauben etwas entdeckt, was mir sehr wertvoll ist und was ich gerne mit euch teilen möchte. Deshalb fände ich es toll, wenn ihr mitkämt. Ich glaube, Mama ist gar nicht so abgeneigt. Oder?“

„Mich interessiert das schon, ehrlich gesagt“, antwortete Theresa. „Und ich möchte Heike am Heiligen Abend auch nicht missen. Was haltet ihr davon, wenn wir gemeinsam in den Gottesdienst gehen und danach wie gewohnt zu Hause feiern?“

„Gute Idee!“, rief ich erleichtert. „Da könnt ihr zwei ja ohne mich hingehen und ich bereite in der Zeit das Essen vor.“

Heike lachte. „Ach Papa! Das könnte dir so passen. Für mich wäre es auch ein Verzicht, wenn ich nicht bei der gemeinsamen Feier dabei sein würde. Aber wenn euch so viel an meiner Gegenwart liegt, wäre ich dazu bereit. Ich finde, da könntest du im Gegenzug deine Vorbehalte beiseitelegen und mit in den Gottesdienst kommen. – Darf ich mir das von dir zu Weihnachten wünschen?“

Theresa lächelte gewinnend. „Diesem Wunsch schließe ich mich an. Ich würde Weihnachten gerne mit euch mal auf etwas andere Weise feiern. So ein Gottesdienst kann doch ganz schön sein.“

„Na gut“, ergab ich mich dem Charme meiner beiden Frauen. „Aber nur zum Gottesdienst. Und eines sage ich euch: Mit Anzug und Krawatte gehe ich da nicht hin.“

Das müsste ich auch gar nicht, versicherte mir Heike. Und als ich mich am 24. Dezember mit Jeans und Pulli auf den Weg machte, merkte ich bald, dass ich in diesem Outfit ganz gut in diese Kirchengemeinde passte, die tatsächlich anders war, als ich befürchtet hatte.

Direkt neben der Kirche lag das Gemeindehaus. „Hier findet meine Bibelgesprächsgruppe statt“, erklärte uns Heike im Vorbeigehen. „Außerdem ist Raum für Kinder- und Jugendgruppen und ein Saal für gemeinsame Mahlzeiten.“ Offensichtlich befand sich dort auch eine Küche. Aus einem Fenster roch es lecker nach etwas Vertrautem. Aber ich konnte nicht benennen, was da zur Feier des Tages gekocht wurde.

Während des Gottesdienstes kramte ich in meinem Gedächtnis: Ich kannte diesen Geruch. Er hatte etwas mit meiner Kindheit in

Norddeutschland zu tun. Er erinnerte mich an Heimat, an Winter, an Schlittschuhlaufen, an eine warme Küche, deftiges Essen an kalten Tagen ... Senf gehörte dazu.

Ja natürlich: Grünkohl! Die kochten hier am Heiligen Abend Grünkohl! Grünkohl im Süden Deutschlands! Wie lange ist es her, dass Grünkohl mein Lieblings-Essen gewesen war? Theresa ist zwar eine gute Köchin, aber den Grünkohl so zuzubereiten, wie ich ihn gewohnt war, hatte sie nur einmal, vor sehr, sehr langer Zeit vergeblich probiert.

So holten mich an diesem Heiligen Abend Erinnerungen und Gefühle an meine Kindheit ein. Ich dachte an die Besuche bei meinen Großeltern, an Omas Fürsorglichkeit und Opas Griesgrämigkeit, die meine Liebe zu ihm nicht geschmälert hatte. Ich dachte an meine Eltern und fühlte Wehmut und Geborgenheit – und Dankbarkeit für alles, was ich gehabt und Traurigkeit über manches, was ich vermisst hatte. Währenddessen bekam ich von der Predigt nicht viel mit. Nur ein Satz ließ mich aufhorchen: „In Jesus begegnet uns die Freundlichkeit Gottes, um uns all das wiederzubringen, was wir verloren geglaubt haben."

„Frohe Weihnachten! Sie sind herzlich eingeladen, mit uns zu feiern", sprach uns einer von Heikes neuen Freunden nach dem Schlusslied an.

Dankend lehnte ich ab: „Wir haben zu Hause Essen vorbereitet. Obwohl, es riecht hier ja sehr verführerisch ..."

„Ja", lächelte mich mein Gegenüber an. „Achim kocht für uns. Er stammt aus Bremen und lässt es sich nicht nehmen, jedes Jahr am Heiligen Abend sein Nationalgericht in großer Menge zu kochen: Grünkohl mit Pinkel."

„Mit was?", fragten Heike und Theresa wie aus einem Mund.

„Mit Pinkel", erklärte ich ihnen begeistert. „Das ist eine speziell gewürzte Wurst. Meine Oma hat sie auch immer zum Grünkohl gekocht. So ein richtig gut zubereiteter Grünkohl mit Pinkel ist etwas Feines. Ihr solltet das mal probieren."

„Bleiben Sie doch einfach zum Essen da!", forderte uns Heikes Bekannter auf. „Zum Nachtisch gibt es rote Grütze mit Vanillesoße."

Fragend sah ich Theresa an. „Er liebt rote Grütze!", strahlte sie mit Blick in die Runde. „Und ich wollte schon immer mal wissen, wie Grünkohl schmecken muss."

Also sind wir geblieben. Es war das außergewöhnlichste und schönste Weihnachtsfest, das ich je erlebt habe. Nach dem Essen gab es ein buntes Programm für Groß und Klein. Theresa genoss es, mit einigen Kindern Memory zu spielen. Heike sang in einem Nebenraum mit einer Gruppe Weihnachtslieder.

„Der Grünkohl schmeckte hervorragend", sagte ich Achim, dem Koch, als er sich nach dem Essen mit einem Glas Punsch zu mir setzte.

„Ich habe schon gehört, dass Sie auch aus Norddeutschland stammen", eröffnete er das Gespräch. Angeregt unterhielten wir uns über Orte, Gerichte und Bräuche unserer Kindheit und darüber, was uns in den Süden verschlagen hatte. Wir verstanden uns so gut, dass wir bald auf das förmliche „Sie" verzichteten. Achim schien ziemlich normal zu sein. Weder besonders heilig noch wie jemand, um den man sich sonderlich kümmern musste. Ich fragte mich, was ihn wohl veranlasste, für andere da zu sein, indem er ihnen am Heiligen Abend Grünkohl kochte. Wenn ich mich umschaute, konnte ich einige Gestalten entdecken, die bestimmt vor allem wegen des Essens gekommen waren.

Achim bemerkte meine abschätzigen Blicke. „Mit manchen Menschen ist es so, wie mit dem Grünkohl", erklärte er mir. „Das Geheimnis des Grünkohls ist zweierlei: Er muss Frost abbekommen haben und sehr lange köcheln. Es gibt Menschen, die haben einiges an ‚Kälte' in ihrem Leben erfahren. Aber gerade das kann sich zu einem besonderen ‚Aroma' entwickeln. Dafür braucht es aber viel ‚Wärme'. Jeder ist auf seine Art liebenswert, selbst die besonderen ‚Pflanzen' im Garten Gottes."

„Eigentlich war mein Großvater genau so jemand", erinnerte ich mich. „Er muss im Krieg Schlimmes erlebt haben. Ich glaube, die Liebe meiner Oma hat ihm geholfen, im Leben halbwegs wieder Fuß zu fassen. Sie wiederum hatte ihren Halt im Glauben, denke ich. Seltsam, dass mir das gerade jetzt einfällt."

„Und du?", fragte Achim. „Worin hast du deinen Halt?"

In mir selber, dachte ich. Laut sagte ich: „Es geht mir gut. Eigentlich brauche ich keinen Gott. Und wenn ich das viele Elend in der Welt sehe, fällt es mir schwer, an einen liebenden Gott zu glauben."

„Vielleicht braucht Gott dich", äußerte Achim einen überraschenden Gedanken.

„Mich? Wie meinst du das?"

„Na, wenn es dir gut geht, hast du denen etwas zu geben, denen es weniger gut geht. Das ist das eine. Aber überleg doch mal! Wozu brauchst du deine Frau?“

„Sie tut viel für mich ...“ Ich suchte nach Worten. „Aber eigentlich brauche ich sie, weil ich sie liebe. Ich bin einfach froh, dass sie da ist“, stellte ich schließlich fest.

„Genau“, bestätigte Achim. „So ist das auch mit Gott. Er liebt uns und ist froh, wenn wir in seiner Nähe sind. Er hat uns als eigenständige Menschen geschaffen, wir sind in der Lage, unser Leben ohne ihn zu gestalten. Aber dieses Leben unabhängig von ihm ist begrenzt. Und tief in uns ist die Sehnsucht nach unbegrenztem Leben, nach Fülle, nach Weite, nach Ewigkeit ...“

Ich dachte an die Beerdigungen in den letzten Jahren. Manchmal war mir der Gedanke gekommen, dass es schön sein müsste, an ein Wiedersehen im Himmel glauben zu können.

„Letztlich sind wir ohne Gott verloren“, fuhr Achim fort. Er ließ diesen Gedanken eine Weile im Raum stehen.

Ich nahm das Kinderlachen wahr und den warmen Schein der Kerzen auf den Tischen. Ich hörte die Melodie von „O du fröhliche!“ aus dem Nebenraum. Mir kam eine Liedzeile in den Sinn: „Welt ging verloren, Christ ist geboren ...“ Das hatte ich als Kind gesungen.

„In Jesus begegnet uns die Freundlichkeit Gottes, um uns all das wiederzubringen, was wir verloren geglaubt haben“, waren die Worte des Pfarrers. Fehlte mir etwas in meinem Leben? Noch nicht einmal den Grünkohl hatte ich in all den Jahren vermisst. Doch es war schön, ihn wieder zu schmecken ... Dass es einen Gott geben könnte, der mich vermisst, war ein neuer Gedanke für mich. Er berührte mein Herz.

Seit diesem Weihnachtsfest habe ich angefangen, Fragen zu stellen und Antworten zu Ende zu denken. Achim ist mir dabei ein guter Freund geworden. Ich habe gesucht und viel mehr gefunden, als ich mir hätte träumen lassen. Der Sinn von Weihnachten begann sich mir seit diesem Fest neu zu erschließen, das mit einem speziellen Geruch begann. Seitdem duftet Weihnachten für mich nach Grünkohl.

Der Glasstern

von Elisabeth Büchle

Markus öffnete den Karton und schaute fasziniert auf den sanft schimmernden Stern darin. Das Sonnenlicht brach sich blau, violett und gelb im Glasschliff. Bewundernd hielt der Neunjährige den Atem an. Der Glasstern, den die Mutter von ihrer Großmutter geerbt hatte, war wunderschön anzusehen. Vorsichtig berührte Markus einen der zerbrechlich aussehenden Zacken. Er fühlte sich so kalt und glatt an wie Eis. Wie herrlich würde er am Fenster blinken und blitzen, vor allem jetzt, nachdem draußen gut ein halber Meter Schnee lag!

Markus lauschte auf das Summen seiner Mutter, das mit dem Duft frisch gebackener Plätzchen aus der Küche zu ihm drang. Er hörte, wie sie ein Blech aus dem Backofen zog und ein anderes hineinschob. Sicher, dass seine Mutter beschäftigt war, griff Markus nach dem goldenen Schmuckband und hob den Stern in die Höhe. Wie er funkelte! Der Junge lachte, als er die regenbogenfarbenen Reflexionen über die Wand und die Decke tanzen sah.

Niemals zuvor hatte er etwas Schöneres gesehen. Da geschah es. Ein Ende des unverknoteten Goldbandes rutschte zwischen seinem Daumen und Zeigefinger hindurch. Der Glasstern fiel erst auf die Couch und von dort zu Boden. Mit einem Klirren schlug er auf dem Parkett auf. Heiße Schauer jagten Markus über den Rücken. Er beugte sich nach vorn und schnappte erschrocken nach Luft, als er sah, dass eine der Spitzen abgebrochen war. Wie ein dünner, zehn Zentimeter langer Eiszapfen lag eine Zacke neben dem für seine Mutter so wertvollen Erbstück.

In Panik und ohne nachzudenken griff Markus nach dem Stern, legte ihn in das raschelnde Seidenpapier im Karton, hob die abgebrochene Zacke auf und bettete sie so, dass man auf den ersten Blick nicht sehen konnte, dass sie nicht mehr fest mit dem Kunstwerk verbunden war. Leise, mit kräftig zitternden Händen, verschloss Markus den Karton und schob ihn zurück zu den anderen Schachteln auf der Couch. Er betrachtete die mit weihnachtlichem Geschenkpapier eingebundene Schachtel, als sei sie sein größter Feind.

Was sollte er jetzt tun? Musste er seiner Mutter sagen, was er getan hatte? Bekümmert zog er die Knie an und umschloss die Beine mit seinen dünnen Ärmchen. Er hatte doch bereits in der vergangenen Woche beim Tischabwischen den Adventskranz hinuntergestoßen. Zwei Kerzen und alle Glaskugeln waren kaputt gewesen. Nur einen Tag später hatte er die Tasse seiner älteren Schwester Lisa fallen lassen. Die mit den galoppierenden Rappen darauf, die sie so liebte. Und wie lange war es her, dass er mit einem Tennisball den Garderobenspiegel zertrümmert hatte, obwohl er genau wusste, dass er im Haus nicht Ball spielen durfte?

Mit Tränen in den Augen vergrub Markus das Gesicht zwischen den Knien und wünschte sich, sehr weit fort zu sein. Seine Vorfreude auf den morgigen Heiligabend und die darauf folgenden Weihnachtsfeiertage war dahin; zerbrochen wie der Glasstern.

Eine Bewegung an der Tür ließ ihn erschrocken auffahren. Hatte jemand sein Missgeschick beobachtet? Er konnte niemanden sehen. Vermutlich war seine Mutter von der Küche in den Keller geeilt, ohne ihn zu beachten. Allerdings wollte sich bei ihm keine Erleichterung einstellen.

Mit wütendem Blick taxierte er den bunten Karton. Weshalb hatte er da so einladend herumgestanden? Warum hatte sein Vater die Schachteln mit dem Christbaumschmuck nicht erst heute Abend vom Dachboden heruntergeholt, sondern schon an diesem Morgen?

Markus lehnte den Kopf an die Couch zurück und betrachtete die Zimmerdecke. Sein Vater war beim Treppensteigen unsanft gegen die Speichertür gestoßen, dabei waren die Kisten in seinen Armen bedenklich ins Wanken geraten. Vielleicht würde seine Mutter annehmen, dass der Stern beim Zusammenprall mit der Tür zersprungen war? Erleichtert sprang der Junge auf die Füße und trollte sich in sein Zimmer. Er hatte gute Chancen, ohne eine Standpauke wegen seiner Unachtsamkeit aus der Sache herauszukommen.

Die Nacht war an diesem 24. Dezember hereingebrochen. Markus hüpfte vergnügt vor seinen Eltern und Lisa, seiner drei Jahre älteren Schwester, über den Gehweg. Der Gottesdienst in einer nur mit Kerzen ausgeleuchteten Kirche hatte ihm gut gefallen. Alles war so heimelig und feierlich gewesen. Sobald sie zu Hause eintrafen, würden Lisa und er ihre Geschenke auspacken dürfen. Die lagen seit dem Vorabend hübsch verpackt unter dem Christbaum, an dem ihr Vater gleich die

Kerzen anzünden würde, kaum dass er den Mantel abgelegt und die Schuhe ausgezogen hatte. So war es jedes Jahr und so würde es auch dieses Mal sein.

Markus bog in die Straße ein, in der ihr Haus stand und betrachtete hingerissen ein paar lange Eiszapfen. Sie hingen in Reih und Glied entlang einer rostigen Dachrinne an einer niedrig gebauten Scheune. Das Mondlicht und der fluoreszierende Schnee ließen sie in einem matten Blauton schimmern. Er stapfte durch den frisch gefallenen Schnee bis an die Scheunenwand, ergriff einen der Eiszapfen und brach ihn ab. Eiskalt und glatt lag er in der Kinderhand.

Die Erinnerung an den abgebrochenen Sternenstrahl durchfuhr ihn. Entsetzt starrte er den Eiszapfen an, fühlte die Kälte in seine Hand eindringen und die winzigen Wasserperlen, die über seine Finger rannen. Markus ließ den Eiszapfen fallen, als habe er sich an ihm verbrannt. Missmutig schob er die Hände tief in die Taschen seiner Jacke und begab sich auf den Gehweg zurück, um hinter seinen Eltern und Lisa herzutrotten, die ihn mittlerweile überholt hatten.

Sein kleines Herz schlug kräftig. Heute, zu später Stunde, als Abschluss des Heiligabends, wollte seine Mutter den Glasstern ins Wohnzimmerfenster hängen – genau so, wie ihre Großmutter es über viele Jahrzehnte hinweg getan hatte. Das würde eine böse Überraschung geben!

Jegliche Vorfreude auf das Kerzenlicht am Baum und seine Geschenke war verflogen. Übellaunig schälte sich Markus aus seiner warmen Kleidung, kaum dass sie zu Hause angekommen waren, und setzte sich neben Lisa auf die Couch – die Couch, auf die das geliebte, mit Erinnerungen versehene Schmuckstück seiner Urgroßmutter gefallen und von dort zu Boden gerutscht war. Es gelang ihm nicht, diesen Vorfall aus seinen Gedanken zu vertreiben. Nicht, während er seine Geschenke auspackte, nicht, während sie heißen Kinderpunsch und das Weihnachtsgebäck genossen und auch nicht, als Lisa ein Weihnachtslied auf dem Klavier spielte.

Dann war der gefürchtete Augenblick gekommen. Markus' Mutter zog den Karton unter dem Baum hervor und öffnete ihn. Ihr Gesicht schien zu einer Maske zu erstarren. Lange Zeit blickte sie auf den Inhalt, der eigentlich – geschützt in Seidenpapier gebettet – in seiner ganzen Pracht darin liegen sollte.

„Er ist kaputt", hörte Markus sie tonlos sagen. Gleichzeitig sah er, wie sich ihre Augen mit Tränen füllten. Betreten senkte er den Blick auf seine Hausschuhe. Der Schmerz, den die Mutter in diesem Moment empfand, schnürte ihm die Kehle zu.

„War ich das?", fragte der Vater. Auch ihm war seine Betroffenheit über die unerwartet heftige Reaktion seiner Frau anzuhören. „Ich bin doch mit den Kisten an der Tür hängen geblieben."

Obwohl genau das geschah, was Markus sich erhofft hatte, fühlte er keinerlei Erleichterung.

„Ich habe den Stern runtergetragen", sagte die Mutter leise. „Als ich sah, wie viele Schachteln auf einmal du die Treppe hinabtragen wolltest, habe ich die mit Omas Stern vorsichtshalber vom Stapel genommen."

Markus drohte das Herz – beinahe wie Glas – zu zerspringen. Er war entlarvt! Jetzt würde herauskommen, dass er Schuld an der Zerstörung trug.

Plötzlich stand Lisa auf, gesellte sich neben ihre Mutter und legte ihr eine Hand auf die Schulter.

„Mama, es könnte meine Schuld gewesen sein. Ich bin an den Karton gestoßen, und er fiel zu Boden. Es tut mir sehr leid."

„Ich hätte ihn nicht so unachtsam auf die Couch stellen dürfen", sagte Mutter. Sie tätschelte beruhigend Lisas Arm, klappte den Deckel zu, stellte den Karton beiseite und lehnte sich in ihrem Sessel zurück.

Markus verstand nicht recht, was hier vor sich ging, doch er war so erleichtert, dass er sich ohne murren zu Bett schicken ließ. Der prüfende Blick seines Vaters entging ihm dabei nicht. Ob er mehr wusste, als er gesagt hatte?

Schon wieder von einem furchtbar schlechten Gewissen eingeholt, legte sich Markus wenig später ins Bett und starrte schlaflos in die Dunkelheit. Er war froh, als die Tür einen Spalt weit geöffnet wurde und sich im Lichtschein aus dem Flur die breite Gestalt seines Vaters abzeichnete. Er trat ein und setzte sich auf die Bettkante.

„Warum hast du Mama nicht erzählt, was geschehen ist? Gleich gestern, als dir der Stern aus der Hand gefallen ist?"

„Du hast es gesehen?"

Sein Vater nickte nur.

„Warum hast du nichts gesagt?"

„Ich wollte dir die Chance geben, die Angelegenheit mit Mama allein zu klären."

Ein Schluchzen, tief im Innern von Markus geboren, brach sich

Bahn. „Ich hatte solche Angst, Ärger zu bekommen. In den letzten Wochen habe ich ziemlich viel kaputt gemacht. Und Mama war so glücklich, als sie den Glasstern ihrer Oma bekam. Ich habe ihr Lächeln gesehen, als sie ihn uns vor ein paar Wochen zeigte und Lisa und mir erzählte, wie gern sie ihn bei Uroma angesehen hatte."

Tränen kullerten über das Gesicht des Jungen. Der Vater legte ihm seine warme Hand aufs Haar. Die Berührung empfand Markus wohltuend, tröstlich.

„Warum hat Lisa behauptet, dass sie den Stern runtergeworfen hat?"

„Lisa hat die Schachtel wirklich vom Sofa gestoßen, konnte aber natürlich nicht wissen, dass der Stern zuvor schon kaputt war. Sie wusste bis vorhin wohl nicht einmal, was sich in dem Karton befand."

„Und warum wolltest du die Schuld auf dich nehmen?"

Markus' Vater lehnte sich seitlich an das Kopfende des Bettes. „Vielleicht war es falsch von mir, so lange mit der Wahrheit zu warten, aber ich wollte dir Heiligabend nicht verderben, indem ich mein Wissen preisgab. Also versuchte ich, vorerst die Schuld auf mich zu nehmen. Ich hatte geplant, die Angelegenheit morgen oder nach den Feiertagen aufzuklären. Aber nachdem ich den Eindruck gewonnen hatte, dass dir der Abend ohnehin verdorben war, wollte ich sofort mit dir sprechen."

„Das war sehr lieb von dir", murmelte Markus.

„Na ja", sein Vater zögerte, rieb sich mit der Hand über die Bartstoppeln und fügte hinzu: „Ich fürchte, es wäre besser gewesen, gleich das Gespräch zwischen Mama und dir voranzutreiben, anstatt zu warten."

„Dann hast du auch einen Fehler gemacht?", staunend blickte Markus ins Gesicht seines Vaters. Der lachte. „Ich habe in meinem Leben schon eine Menge falsch angepackt, mein Lieber! Und ich bin nur froh, dass ich einen Freund kenne, der die Schuld für alle meine Fehler auf sich nimmt, sobald ich sie aufrichtig bereue."

„Du sprichst von Jesus?"

„Richtig, Markus. Ich spreche von Jesus. Dieses Kind, dessen Geburt wir heute gefeiert haben, ist irgendwann erwachsen geworden und hat meine und deine Fehler auf sich genommen und sich dafür bestrafen lassen."

„Er hat sich an dieses grässliche Kreuz nageln lassen."

Der Vater nickte. „Nur so können wir – selbst heute noch – Vergebung erfahren."

„Ob Mama mir auch vergeben kann?"

„Sicher kann sie das."

Markus seufzte erleichtert und schloss die Augen. Er fand es gut, dass Jesus auch einmal ein Kind gewesen war. So konnte er bestimmt viel besser verstehen, was in einem Kinderherzen vor sich ging.

Obwohl er sehr müde war, stand Markus nochmals auf und kuschelte sich zu seiner Mutter ins Bett, um lange mit ihr zu reden.

Ab diesem Weihnachtsfest hängte er jedes Jahr an Heiligabend den Stern mit seiner geklebten Zacke ans Wohnzimmerfenster. Er erinnerte sie alle daran, dass sie nicht vollkommen waren und das Kind in der Krippe der einzige Weg zur Vergebung ist.

Emmas Weg aus der Einsamkeit

von Elisabeth Büchle

Der Gottesdienst war zu Ende, die letzten Lieder verklungen und unter der Kirchenpforte drückte ihr der Pfarrer kurz die Hand.

Emma trat in den knirschenden Schnee und blinzelte, geblendet von der tief stehenden Wintersonne, die ihre Strahlen über die Dächer der Stadt schickte.

Einige andere Gottesdienstbesucher verabschiedeten sich von ihr, und sie sah zu, wie die aufgeregten Kinder in die Autos kletterten, während die Eltern noch mit befreundeten Ehepaaren einige Worte wechselten, ehe auch sie einstiegen. Ungewöhnlich schnell leerte sich der Parkplatz. Alle freuten sich auf ein leckeres Abendessen, einen feierlichen Abend im Kerzenschein des Christbaums und auf die strahlenden Gesichter derer, die sie beschenken würden.

Ein schmerzliches Gefühl ergriff von Emmas Herz Besitz und ließ sie erschauern. Seit ihr einziger Sohn nach Spanien gezogen war, schaute er nur noch gelegentlich bei ihr vorbei. Und nachdem sie vor drei Jahren ihren Mann verloren hatte, nahmen die ihr allzu vertrauten Empfindungen immer mehr überhand. An manchen besonderen Tagen, wie an Geburtstagen oder zu Weihnachten, wurde es so schlimm, dass sie fürchtete, daran zu ersticken. Dieses Gefühl hatte einen – für seine Heftigkeit, mit dem es sie überfallen konnte – erstaunlich nüchternen Namen: Einsamkeit.

Emma sah sich um. Die Kirchtür war geschlossen, der von Reifenspuren und Fußabdrücken übersäte Platz menschenleer. Nur der große, von elektrischen Lichtern beleuchtete Christbaum erhob sich in den Himmel, an dem es bereits zu dunkeln begann. Sie war allein. Allein mit einem Baum. Ob er sich auch einsam fühlte wie sie?

Emma wischte den Gedanken, unterstützt von einer bedächtigen Handbewegung, beiseite. Sie sollte sich nicht diesen unnötigen Überlegungen hingeben!

Sie drehte sich um und ging vom Kirchplatz in die angrenzende Straße. Dabei stützte sie sich schwer auf ihren Gehstock, den sie seit einer Hüftoperation brauchte.

Hell erleuchtete Fenster, das bunte Licht moderner Weihnachtsdekoration, Musik aus übermäßig aufgedrehten CD-Playern und fröhliches Gelächter begleiteten sie auf ihrem Weg. Bei jedem Schritt, jedem neuen Lichtstreifen, der auf den Gehweg fiel, und jedem Lachen, das sie hörte, wurde es ein bisschen dunkler in ihrem Innern. Ihr Herz klopfte heftig, weil sie viel zu schnell lief, als müsse sie vor dem Glück der anderen und ihren eigenen Erinnerungen an bessere Tage fliehen.

Außer Atem erreichte sie die schmale Gasse, in der ihr Haus stand. Das Haus, in dem sie fast fünfzig Jahre mit ihrem Ehemann gelebt und in dem sie drei Kinder geboren hatte, von denen zwei bereits im Säuglingsalter verstorben waren. Hier hatte sie Norbert großgezogen, mit ihm gelacht und geweint.

Emma tastete nach dem Schlüsselbund in ihrer Manteltasche, holte ihn jedoch nicht heraus. Ihre Schritte verlangsamten sich nur kurz, als sie die Haustür passierte, dann fiel sie in die gehetzte Gangart zurück.

Emma eilte weiter die Gasse entlang und bog in eine zweite ein. Graue Hauswände ragten links und rechts in die Höhe, ein frostiger Wind pfiff durch die wenigen Lücken, die die aneinandergereihten Gebäude freigaben.

Inzwischen waren ihre Schuhe durchnässt, doch Emma ignorierte das zunehmende Gefühl der Kälte. Nichts zog sie nach Hause. Es gab keinen Grund, in ihre ungewollte Einsamkeit zurückzukehren. Ihr war gleichgültig, ob sie sich einen Herzinfarkt zuzog oder irgendwo ermattet stürzte und dort erfror. Alles war besser, als dieses nutzlose Leben weiterzuführen.

Starb sie in dieser Nacht, könnte sie endlich wieder mit ihrem Mann vereint sein. Sie würde nach langem Warten den Himmel sehen, den Ort, wohin ihr Ehemann ihr vorausgegangen war.

Emmas Fuß stieß kräftig gegen eines dieser Verkehrshindernisse aus Stein. Sie standen in den schmalen Gassen, um die Autofahrer zu einer geringeren Geschwindigkeit zu zwingen. Die alte Frau taumelte und stützte sich Halt suchend auf ihren Stock. Der rutschte jedoch auf einer Eisfläche weg und Emma stürzte schwer zu Boden.

Keuchend blieb sie liegen, umfangen von Schmerz, Kälte und ihrer eigenen Hoffnungslosigkeit.

„Wo bist du, Gott?“, murmelte sie anklagend, erhielt aber keine Antwort. Ergeben schloss sie die Augen und wartete, ob ihr jemand zu Hilfe kommen würde. Aber es kam niemand.

Die Melodie von „Stille Nacht, heilige Nacht" schien wie dichter Nebel durch die Gasse zu wabern. Manchmal konnte Emma ganze Textpassagen verstehen, dann wiederum die Melodie nur erahnen. Eines jedenfalls entging ihrem geschulten, musikalischen Gehör nicht: Die Stimmen klangen rau, ungeübt und oft genug trafen sie den Ton nicht. Ebenso wie der Pianist, der das Stück mehr schlecht als recht begleitete.

„Im Himmel würde sich das besser anhören!", flüsterte Emma mit einem Anflug ihres früheren Humors und setzte sich auf.

Wieder vernahm sie die schrägen Töne und meinte, zwischen den kratzigen Männerstimmen auch die einiger Frauen herauszuhören.

Emma zögerte nicht länger. Mühsam schob sie sich auf die Knie, griff nach dem Stock und stemmte sich mit seiner Hilfe auf die Füße. Ohne den Schnee von ihrem Mantel zu klopfen oder aus ihrem weißen Haar zu schütteln, tastete sie sich voran und achtete nun sorgfältig auf etwaige Hindernisse. Der mittlerweile etwas abgeklungene Schmerz in ihrem rechten Bein ließ sie leicht hinken.

Bald erreichte sie eine unscheinbare Holztür. Durch die darin eingelassenen, milchigen Scheiben drang sanfter Lichtschein und der schreckliche Gesang der Sänger. Dem Klavier wurden ein paar grauenhafte Akkorde abgerungen, was Emma entschlossen die Türklinke drücken ließ.

Hitze und der Geruch von vielen Menschen auf engstem Raum schlugen ihr entgegen und ließen sie erst einmal nach Luft schnappen. Dennoch trat sie mutig ein. Rechts von ihr führte eine offen stehende Tür in einen lang gezogenen Raum. Zwölf Metallstockbetten reihten sich an den Wänden aneinander. Auf ihnen lagen Rucksäcke, Kleidungsstücke und andere Habseligkeiten von Menschen, die zum Sterben zu viel und zum Leben zu wenig hatten. Emma erinnerte sich daran, von einer Obdachlosenunterkunft in der Nähe ihres Zuhauses gehört zu haben.

Das Lied endete, und als der Pianist nahezu nicht erkennbar versuchte „Vom Himmel hoch" anzustimmen, schloss Emma die Eingangstür, pellte sich aus ihrem Mantel und betrat den Speise- und Aufenthaltsraum. Abschätzend sah sie sich um. An einem künstlichen Baum flackerten elektrische Lichter, von der Decke hingen dürre Strohsterne, die schon bessere Tage gesehen hatten. Entlang der Tische, auf denen Weihnachtsgebäck und Gläser mit dampfendem Tee standen, saßen rund zwanzig Männer und Frauen jeglichen

Alters. Viele von ihnen wirkten verhärmt. Das harte Leben auf der Straße hatte ihre Gesichter gezeichnet. An einem verschrammten Klavier entdeckte sie einen jungen Mann in fadenscheiniger Kleidung, der so dünn war, dass Emma fürchtete, er würde demnächst vom Hocker fallen. Ein älterer, bärtiger Mann wurde auf sie aufmerksam und stieß mit dem Ellenbogen den einzigen gut gekleideten Herrn an. Der erhob sich und schob sich zwischen den Stuhlreihen hindurch auf sie zu.

„Frohe Weihnachten!“, grüßte er.

„Frohe Weihnachten!“, antwortete Emma automatisch, obwohl ihr kein bisschen froh zumute war.

„Ich bin Andreas Höfing. Was führt Sie hierher?“

„Dieser grauenhafte Pianist?“ Emmas Antwort war mehr eine Frage, da sie selbst nicht wusste, weshalb sie das Haus betreten hatte.

Der Mann musterte sie und ein wissendes Lächeln schlich sich auf sein noch sehr junges Gesicht.

„Sie dürfen den armen Peter gern ablösen.“

Emma stutze irritiert. War es das, was sie hier wollte? Endlich einmal wieder vor Zuhörern Klavier spielen, wie sie es früher in kleineren und größeren Konzertsälen getan hatte? In den vergangenen Minuten erschien ihr ihr eigenes Leben seltsam fremdgesteuert.

„Kommen Sie, bitte!“ Andreas nahm ihr den Mantel ab und führte sie zum Klavier, wo dieser Peter sofort aufsprang und ihr – wie es ihr schien – dankbar Platz machte.

Das Singen verstummte, neugierige Blicke trafen Emma, und sie hörte das Murmeln derer, die sich bei den anderen erkundigten, wer sie wohl sei.

Schnell setzte sie sich, zog ihre Handschuhe aus und rieb sich die klammen Finger. Was tat sie hier nur? Wie war sie hierhergekommen?

Prüfend ließ sie ihre Finger über die Tasten wandern. Ein, zwei Töne klangen nicht ganz rein, doch das würde außer ihr bestimmt niemanden stören. Für einen Augenblick betrachtete sie ihre schlanken, von Altersflecken übersäten Hände, ehe sie mit geschlossenen Augen das zuvor unterbrochene Lied intonierte. Nach einem virtuosen Vorspiel begann sie mit ihrer vom Alter zitternden, dünnen Stimme zu singen und bald schon stimmten die Anwesenden mit ein.

Emma spielte und spielte. Wollte sie eine Pause einlegen, wurde Protest laut. Der Zeiger der großen Wanduhr rückte unaufhörlich weiter und es war bereits nach 23.00 Uhr, als der Leiter der Einrichtung das Zusammensein beendete.

Emma drehte sich auf dem Hocker um und sah in dankbare, glückliche Gesichter. Ein zahnloser Greis lächelte ihr zu, eine junge Frau drückte ihr im Vorbeigehen die Hand, ein Mann mittleren Alters, dem ein Bein fehlte, wollte ihr gar einen Kuss auf die Wange drücken, was Andreas zu verhindern wusste.

Der Raum leerte sich, was Emma veranlasste, sich genauer umzusehen. Alles wirkte sauber, aber ärmlich. Ein neuer Adventsschmuck war ebenso nötig wie einige Tischdecken, und die größtenteils gesprungenen und abgeschlagenen Tassen gehörten auch ersetzt. Eine Frau in schrecklich heruntergekommener Kleidung saß noch immer wie erstarrt auf ihrem Stuhl. Tränen liefen ihr übers Gesicht.

„Es gibt hier so viel zu tun", flüsterte Andreas Emma zu, ehe er sich an Peter und einen zweiten jungen Mann wandte.

„Begleitet ihr bitte unsere wunderbare Pianistin nach Hause?"

Schwerfällig erhob sich Emma und ließ sich von Peter in ihren Mantel helfen. Von Andreas konnte sie sich nicht verabschieden, da er sich um die weinende Frau kümmerte. Vielleicht ahnte er, dass sie jetzt häufiger vorbeikommen würde? Hier war ihre Einsamkeit gebannt. Hier wurde ihre Mithilfe gebraucht: ihre Zeit, ihre finanziellen Möglichkeiten und ihre Liebe.

Flankiert von zwei Männern, denen sie noch am Vortag geflissentlich aus dem Weg gegangen wäre, hinkte sie wenig später durch die Nacht. Heilige Nacht.

Gott hatte ihr in ihrer dunkelsten Stunde ein Licht der Hoffnung geschenkt. So wie er es damals, vor mehr als 2000 Jahren, der ganzen Welt angeboten hatte. Und er hatte sie auf ihre alten Tage dazu ausersehen, dieses Licht weiterzugeben.

Das überraschende Weihnachtsgeschenk

von Simone Schächterle

Die Kirche war beinah fertig geschmückt. Die Krippe stand unter dem Weihnachtsbaum. Weihnachtsvorfreude lag in der Luft. Am nächsten Tag war Heiligabend und wie immer hatte ich mich bereit erklärt, den Weihnachtsbaum zu schmücken.

Heidrun war gerade auf dem Weg nach draußen, um neue Strohsterne zu holen. Ich blieb auf der Leiter stehen, um später den Weihnachtsbaum dort weiterzuschmücken, wo wir eben aufgehört hatten, als plötzlich die Kirchentür aufsprang und ein Junge von ungefähr acht Jahren hereingestürmt kam. Ich erkannte ihn sofort, es war Felix, ein Junge aus meiner Nachbarschaft. Die Tür schwang gerade zu, als zwei Verfolger sie wieder aufstießen und dem Jungen nachjagten. Der rannte durch den Mittelgang, die großen Jungs hinterher. Sie hatten kurze Haare, trugen dicke Daunenjacken und waren mindestens doppelt so alt wie ihr Opfer. Einer der beiden hatte den Jungen noch vor dem Altarraum am Schlafittchen gepackt und hielt ihn nun am Genick fest, bis sein Kumpel einen Augenblick später die beiden erreicht hatte. Bisher hatte ich still auf meiner Leiter gestanden und die Szene beobachtet.

„Hey, nimm die Finger von dem kleinen Kerl", rief ich und kletterte von der Leiter hinunter. Die drei hielten erschrocken inne. Sie drehten verwundert ihre Köpfe in Richtung Weihnachtsbaum. Natürlich konnten sie mich nicht sehen, da die Leiter direkt vor der Sakristei und somit außerhalb ihres Blickfelds stand. Der große Junge war so irritiert, dass er von dem Kleinen abließ. Der nutzte das sofort aus, und ehe sich die beiden wieder zu ihrem Opfer drehen konnten, war er auch schon hinter der Kanzel verschwunden. „Wisst ihr eigentlich, wo ihr seid?", fragte ich erbost, als ich endlich hinter dem Baum hervorkam. Die beiden sahen mich mit großen Augen an. Nun erst erkannte ich, wer sie waren: die Jungs, die die Jungschar leiteten. Umso mehr ärgerte ich mich über ihr Verhalten. „Wisst ihr eigentlich, wo ihr seid?", wiederholte ich deshalb meine Frage.

Betreten schauten sie zu Boden.

„Wir sind hier in einer Kirche, dem Haus Gottes, und ihr führt euch auf wie Rüpel.“

Einer der beiden wollte mir widersprechen, aber ich war so in Fahrt, dass ich ihn nicht beachtete. „Morgen ist Weihnachten, das Fest der Liebe und des Friedens.“ Ich schüttelte verständnislos den Kopf. „Das hätte ich wirklich nicht von euch gedacht ...“

Wieder wollte mich einer unterbrechen. Doch ich fuhr fort: „Wie kommt ihr eigentlich auf die Idee, einen kleinen Jungen durch die ganze Kirche zu hetzen und ihm dann solche Angst einzujagen? Was hättet ihr denn mit ihm gemacht?“

Ich sah sie fragend an. Wieder schauten beide betreten zu Boden. Diesmal wollte keiner etwas sagen. Ratlos blickte ich von einem zum andern. Doch keiner reagierte mehr.

„Nun macht mal nicht so betretene Gesichter“, sagte ich in versöhnlichem Ton. „Ich bin mir sicher, dass wir das aus der Welt schaffen können. Ihr habt euch nicht richtig verhalten, aber offensichtlich habt ihr das ja nun eingesehen. Ich schlage vor, dass wir das hier, vor der Krippe, klären. Nun mal raus mit der Sprache: Was habt ihr alles falsch gemacht?“

Ich spürte etwas wie Erleichterung bei den beiden. Endlich hoben sie die Köpfe. Zu meiner Verwunderung machten sie noch einen Schritt auf die Krippe zu.

„Wir waren grob. Wir waren zornig. Wir haben Felix sicherlich auch Angst eingejagt ...“, begann einer.

Na also, geht doch!, dachte ich bei mir. Nur, es schwang ein deutliches Aber in der Luft mit. Und darauf musste ich auch nicht lange warten. Es kam allerdings nicht etwa von den beiden, sondern von Felix' dünner Stimme hinter der Kanzel.

„Aber ...“, hörte ich wieder, „die haben sich zu Recht über mich geärgert“. Felix trat hinter der Kanzel vor, zurück in den Altarraum. „Sie sind hinter mir hergejagt ...“ Er machte eine Pause und schaute mich verlegen an. Es sah aus, als müsste er seinen ganzen Mut zusammennehmen, bevor er weitersprach. „Sie sind hinter mir hergejagt, weil ich die Jungscharkasse gestohlen habe.“ Tränen kullerten aus seinen Augen. „Morgen ist doch Weihnachten und ich habe noch kein Geschenk für meine Mutter“, schniefte er.

So schnell konnte sich eine Situation ändern! Die Großen wollten dem Kleinen also nur die Kasse wieder abnehmen. Im Stillen schimpfte ich mich, dass ich ihnen solch eine Bosheit zugetraut hatte.

Felix schniefte immer noch.

„Du wolltest mit dem Geld aus der Jungscharkasse deiner Mutter etwas zu Weihnachten kaufen?" Einer der großen Jungs schüttelte ungläubig den Kopf.

Felix nickte. Er kauerte mittlerweile neben der Krippe und sah aus wie ein Häuflein Elend. Ratlos standen wir um ihn herum.

„Meinst du, deine Mutter freut sich über ein Geschenk, das du mit geklautem Geld gekauft hast?", fragte ich.

Felix schüttelte schniefend den Kopf. Da holte er aus seiner Jackentasche die kleine Büchse heraus und stellte sie neben die Krippe. Nun hielt den kleinen Jungen nichts mehr. Er warf sich der Länge nach hin und weinte bitterlich. Er weinte, weil er das Geld gestohlen hatte. Er weinte, weil er wusste, dass das falsch war und weil er seine Jungscharleiter enttäuscht hatte. Er weinte, weil er seiner Mutter kein Geschenk kaufen konnte. Er weinte und weinte und ließ sich weder von mir noch von den großen Jungs beruhigen.

Und so setzte ich mich einfach neben ihn und nahm seine Hände in die meinen. Auch die anderen beiden Jungs setzten sich zu uns. So saßen wir auch noch, als Heidrun wieder mit den restlichen Strohsternen kam. Felix hatte sich mittlerweile einigermaßen beruhigt. Nur ab und zu schluchzte er noch.

Heidrun sah uns verständnislos an. „Was macht ihr denn da? Übt ihr ein neues Krippenspiel ein?", wollte sie wissen.

Vielleicht sah das wirklich so aus. Wir waren um die Krippe versammelt, die Jungscharkasse stand wie ein Geschenk für das Jesuskind daneben.

„Wir freuen uns, dass jeder zur Krippe kommen darf", murmelte ich vor mich hin. Doch Heidrun hatte es gehört. Sie nickte nur.

„Schau mal", sagte sie kurz darauf an mich gewandt. „Da ist noch ein Päckchen von diesen alten Sternen. Die sind so alt, dass sie schon fast wieder modern sind. Und mit einem Seufzer fuhr sie fort: „Schade, dass sie nicht zu unseren Sternen passen. Was meinst du sollen wir damit tun?"

Ich hatte gar nicht bemerkt, dass die großen Jungs aufgestanden waren. Neugierig betrachteten sie die Sterne, die Heidrun ausgepackt hatte. Sie waren rot und sehr auffällig geformt. Das sah hübsch, wenn auch etwas nostalgisch aus. Heidrun hatte recht, sie passten nicht zu den schlichten Sternen, die bereits am Baum hingen.

„Hm, wir haben sogar noch die passenden Kugeln dazu“, sagte Heidrun vor sich hin. Sie zog einen hübschen Karton hervor. Durch den Plastikverschluss konnte man rote Kugeln erkennen, auf die mit weißer Glitzerfarbe Sterne aufgesprüht waren. Ich konnte mich gar nicht daran erinnern, dass wir jemals Kugeln aufgehängt hatten.

„Was sollen wir denn mit dem Zeug anfangen?“, fragte sie mich. „Na ja, vielleicht machen wir uns später darüber Gedanken, wir müssen ja erst noch den Kirchplatz vom Schnee befreien“, ergänzte sie.

War Heidrun nun komplett durchgedreht? Den Kirchplatz vom Schnee befreien! Unser Kirchplatz war fast so groß wie ein halbes Fußballfeld. Bisher hatte doch auch ein geräumter Weg bis zur Kirchentür gereicht.

In die großen Jungs kam Bewegung. Mit wenigen Worten hatten sie eine Absprache getroffen. „Wir schippen Schnee, kein Problem. Hast du Lust, uns zu helfen, Felix?“ Felix zog die Nase hoch. Er nickte und trottete hinter den Jungs aus der Kirche.

Heidrun und ich schmückten den Baum weiter. Heidrun summte fröhlich vor sich hin, während ich darüber nachdachte, was in den letzten Minuten passiert war. Felix lebte allein mit seiner Mutter. Sie arbeitete viel, um für sich und das Kind zu sorgen. Der Junge tat mir leid, natürlich war klauen nicht der richtige Weg. Aber ich konnte verstehen, dass er seiner Mutter etwas Gutes tun wollte. Er wollte eben nicht wie sonst ein Bild malen. Es sollte etwas Besonderes sein. Besonders in den Augen eines Achtjährigen.

Der Baum sah prachtvoll aus. Heidrun und ich waren zufrieden mit unserer Arbeit, als wir schließlich fertig waren. Nur die roten Strohsterne und die passenden Kugeln lagen noch auf der ersten Bank, alles andere hatten wir aufgehängt. Da kamen die Jungs vom Schneeschippen zurück. Ihre Wangen glühten und an dem Schnee auf ihren Jacken konnten wir sehen, dass es wieder zu schneien begonnen hatte.

„Der Kirchhof ist zumindest im Moment vom Schnee befreit. Wie es morgen allerdings aussieht ...?“ Die Jungs schienen sich wieder zu vertragen.

„Habt ihr eine Idee, was wir mit den übrigen Strohsternen und den Kugeln machen sollen? Wir haben in der Kirche dafür absolut keine Verwendung.“ Heidrun übertrieb maßlos, gegebenenfalls könnten wir sie nächstes Jahr auf dem Weihnachtsbasar verkaufen, ging es mir durch den Kopf. „Weißt du was, Felix, nimm sie doch mit und schenk sie deiner Mutter. Vielleicht passen sie ja an euren Weihnachtsbaum."

Felix bekam ganz heiße Ohren. Die Jungs begriffen sofort. Jeder murmelte etwas vor sich hin, was so klang wie „Ja, das stimmt, schließlich hast du auch fleißig Schnee geschippt!" oder „Das ist eine gute Idee, deine Mama freut sich bestimmt!"

Heidrun verstaute Sterne und Kugeln in einer hübschen Papiertüte – wo sie die nun wieder her hatte, war mir schleierhaft – und überreichte sie Felix, der ganz aufgeregt vor Freude die Tüte an sich nahm.

Die Jungs versprachen, Felix noch nach Hause zu bringen. So waren Heidrun und ich alleine, als ich die Kirchentür zuschloss. Heidrun strahlte übers ganze Gesicht.

„Meine Mutter hat mir schon im Sommer gesagt, sie möchte dieses Jahr kein sinnloses Geschenk. Ich glaube, den Wunsch habe ich ihr gerade erfüllt. Sie hat sowieso schon genug Weihnachtsbaumschmuck."

„Du hast vorhin alles mit angehört! Unfassbar, wie du das wieder eingefädelt hast ..." Ich schüttelte den Kopf.

„Ich glaube, das war heute göttliche Eingebung", entgegnete Heidrun und sah dabei sehr glücklich aus.

Das Weihnachtswunder

von Simone Schächterle

Pah, Weihnachtszauber! Weihnachtswunder! Weihnachten überhaupt. Alles Lug und Trug. Von Gott weit und breit keine Spur. Herr Hansen hatte die Nase voll von allem. Gerade war er im Kaufhaus gewesen. Aus den Lautsprechern dudelte ununterbrochen „O du fröhliche“ abwechselnd mit „Jingle Bells“. Überall Berge von glitzernden Geschenken, Weihnachtsbäume, als Engel verkleidete junge Frauen, die Kunden ungefragt mit Parfüm bespritzten in der Hoffnung auf höhere Verkaufszahlen. Nur Schein. Ohne Inhalt. Ohne Herz.

Herr Hansen war frustriert. Das lag sicherlich auch an der Tatsache, dass er ab Januar arbeitslos sein würde. Als er nun wieder daran dachte, wurde ihm kalt. Er zog den Mantel fester um sich. Wie sollte es nur weitergehen? Seit vier Monaten war er Vater. Seine Frau versorgte das Kind, sie war in Elternzeit und würde, auch wenn sie wieder in ihren Beruf als Erzieherin einstieg, die Familie auf Dauer nicht finanzieren können. Seit ein paar Monaten hatte er schon mit einem neuen Auto geliebäugelt. Das konnte er sich nun endgültig abschminken. Ihm wurde ganz anders, wenn er daran dachte, wie teuer allein die Babynahrung und Windeln waren und wie schnell der Kleine aus seinen Kleidern wuchs. Sie waren bisher immer bescheiden gewesen. Nun würden sie sich ganz anders einschränken müssen.

Herr Hansen schüttelte sich wieder. Kein Wunder, dass er wenig Lust auf Weihnachten hatte. Und schon gar nicht auf das ganze Tamtam drum herum. Nie war Weihnachten für ihn weiter weg als jetzt. Was konnte an der Weihnachtsgeschichte, an Gott, schon dran sein, wenn eine junge Familie plötzlich um ihre Existenz bangen musste! Wenn ihm, der sich immer an alle Regeln hielt und bisher nicht mal einen einzigen Strafzettel erhalten hatte, wenn ihm so etwas passierte. Sein Chef hatte nicht mal mit der Wimper gezuckt, als er ihm die Kündigung überreichte. Für den war die Entlassung von Herrn Hansen vorteilhaft für seine Jahresbilanz. Ein Kostenfaktor weniger. Dabei arbeitete Herr Hansen wirklich gerne. Er war gut in seinem Job, und das wusste der Familienvater auch. Zum Glück. Denn so hatte er wenigstens ein Fünkchen Hoffnung, neue Arbeit zu finden. Trotzdem: Das Leben war so ungerecht. Gott war so ungerecht.

Herr Hansen war an seinem Auto angekommen. Er verstaute die wenigen, sorgfältig ausgewählten Geschenke, die er für den Kleinen und seine Frau gekauft hatte, im Kofferraum. Er überlegte kurz, ob er nicht lieber mit dem Bus nach Hause fahren sollte. Das Auto hatte in letzter Zeit immer wieder komische Geräusche gemacht. Doch er verwarf den Gedanken schnell und nahm sich stattdessen vor, gleich nach den Feiertagen in der Werkstatt anzurufen. Was das nur wieder kosten würde!

Herr Hansen quälte sich durch den Feierabendverkehr und bog in die kleine Landstraße ein, die aus der Stadt hinausführte. Das erste Mal an diesem Tag fühlte er so etwas wie Zufriedenheit, als er die Sterne über dem schneebedeckten Feld funkeln sah. So musste es in der Nacht gewesen sein, als Jesus geboren wurde, dachte er gerade, als der Motor wieder begann, komische Geräusche zu machen. Herr Hansen seufzte tief. Es war wirklich höchste Zeit für einen Werkstatttermin.

Er hatte die Anhöhe erreicht. Der Wald lag malerisch links am Straßenrand. Erneut begann der Motor zu rattern. Nun wurde ihm doch etwas unbehaglich. Herr Hansen beschloss anzuhalten. Vielleicht konnte ihn ja ein nachkommender Fahrer mitnehmen. Doch da er weit und breit alleine unterwegs war, verwarf er den Gedanken sofort und stellte sich darauf ein, zu Fuß nach Hause gehen zu müssen. Die Geschenke konnte er vorerst im Wagen lassen.

Herr Hansen versuchte die Geschwindigkeit zu drosseln. Aber das Auto reagierte nicht. Er trat auf die Bremse, wieder und wieder. Doch nichts passierte. Panik ergriff ihn. Plötzlich füllte sich das Wageninnere mit Rauch und Herr Hansen begann zu husten. Hastig öffnete er die Fensterscheiben des Autos. Sofort drang kalte frische Luft in den Wagen. Aber nur kurz, denn auf einmal quoll immer mehr stinkender Rauch aus dem Motorraum ins Wageninnere. Herrn Hansen blieb nichts anderes übrig, als den Kopf aus dem Fenster zu recken, um Luft zu bekommen.

In der Zwischenzeit hatte das Auto auf der abschüssigen Straße richtig an Fahrt gewonnen. Es wurde immer schneller. Herr Hansen konnte nur mit viel Kraftaufwand das Lenkrad bewegen. Er wusste, unten am Hang kam eine scharfe Rechtskurve. Wenn er geradeaus fuhr, würde er mitten im Fluss landen – wenn er Glück hatte. Wenn nicht, würde er gegen einen der großen Bäume prallen, die in Ufernähe standen. Wie konnte das nur passieren, so kurz vor Weihnachten!

Was würde seine Frau, sein kleiner Sohn ohne ihn tun? Wie ein Film zog sein bisheriges Leben an ihm vorüber, während er hilflos in seinem Auto saß und dem Unglück entgegenraste. „Bitte, lieber Vater im Himmel, hilf!“, betete er tonlos.

Feierabend. Herr Gerlach war spät dran. So nahm er die Abkürzung über die kleine Straße oben am Feld vor dem Wald. Gerade überlegte er noch, ob er wohl rechtzeitig daheim ankommen würde, da bemerkte er, dass mit dem Auto vor ihm etwas nicht stimmte. Rauch quoll aus den Fenstern, während das Auto immer mehr an Fahrt zunahm. Ohne zu überlegen überholte er den Wagen kurzerhand, setzte sich vor das qualmende Auto, ließ es behutsam auffahren, bremste langsam ab und brachte kurz vor der Rechtskurve beide Wagen zum Stehen. Schnell stieg er aus seinem Auto, um zu sehen wie es dem Fahrer des Unglückswagens ging.

Herr Hansen war vom Rauch ohnmächtig geworden. Kurzerhand packte ihn Herr Gerlach am Arm und zerrte ihn aus dem Auto. Augenblicke später schoss aus der Motorhaube eine riesige Stichflamme in den Nachthimmel. Innerhalb kürzester Zeit brannte das gesamte Auto lichterloh.

Als Herr Hansen wieder zu sich kam, wurde er gerade in einen Rettungswagen gehoben. Über Mund und Nase trug er eine Atemmaske, die ihn mit Sauerstoff versorgte.

„Sie hatten einen Unfall und haben dabei giftige Gase eingeatmet. Kein Grund zur Beunruhigung. Wir fahren Sie aber zur Kontrolle ins Krankenhaus“, erklärte der Rettungssanitäter.

Ein Mann streckte zögerlich seinen Kopf in den offenen Rettungswagen. Besorgt sprach er Herrn Hansen an: „Wie geht es Ihnen? Oh, entschuldigen Sie, ich habe mich gar nicht vorgestellt. Mein Name ist Gerlach. Hans Gerlach. Ich habe Ihnen geholfen, Ihren Wagen zu stoppen und habe Sie dann aus dem Auto geholt.“

„Danke, haben Sie vielen Dank!“, sagte Herr Hansen, der langsam wieder zu sich kam. „Danke, danke, danke“, wiederholte er und hob die Atemmaske leicht an.

„Leider ist Ihr Auto vollständig ausgebrannt“, fuhr Herr Gerlach weiter und deutete auf einen Feuerwehrmann, der gerade an ihm vorbeiging. „Die Feuerwehr hat gute Arbeit geleistet, das Auto raucht nur noch leicht“, erklärte Herr Gerlach weiter. „Ich wünsche Ihnen alles Gute!“

Nach der Untersuchung im Krankenhaus rief Herr Hansen seine Frau an und erzählte ihr schonend von dem Unfall: „Ja, ich bin wieder in Ordnung. Du kannst mich jetzt abholen“, versicherte er ihr. „Dein Vater leiht dir bestimmt sein Auto.“

Während er auf seine Frau wartete, begegnete ihm noch einmal „sein“ Rettungssanitäter.

„Das grenzt an ein Wunder, dass Sie mit heiler Haut aus diesem Auto herausgekommen sind“, sagte er. „War noch etwas Wichtiges in dem Auto?“

„Die Weihnachtsgeschenke für meine Frau und mein Kind“, und mehr zu sich selbst: „... und meine Wut auf Gott.“

Der Rettungssanitäter schaute ihn fragend an.

„Sehen Sie“, erklärte Herr Hansen stockend, „vor wenigen Stunden habe ich noch mit meinem Leben gehadert. Wenig später war ich mir sicher, ich hätte gar keine Zukunft mehr, den Tod so unmittelbar vor Augen. Sie haben recht, es ist unfassbar, dass ich jetzt hier bin und mit Ihnen spreche. Nicht auszudenken, was passiert wäre, wenn Herr Gerlach mich nicht gerettet hätte. Und nicht auszumalen, wenn er nicht gewusst hätte, was in so einer Situation zu tun ist. Jetzt bin ich vor allem froh und dankbar, dass ich überhaupt noch am Leben bin. Sie haben recht, das ist ein Wunder – mein Weihnachtswunder.“

Dies alles ist nun schon einige Jahre her. Doch jedes Jahr stellt Herr Hansen am Weihnachtsabend eine Kerze an den Straßenrand unterhalb des Hügels, direkt vor der Rechtskurve, als Erinnerung an sein persönliches Weihnachtswunder.

Herr Gerlach erhielt für sein beherztes Eingreifen sowie für seine Zivilcourage eine Auszeichnung und den uneingeschränkten Respekt aller, die über den Vorfall in der Zeitung lasen. Ihm war der Wirbel peinlich, denn selbstverständlich würde er jederzeit wieder so handeln.

Nicht selbstverständlich ist es für Herrn Gerlach, einen so guten und kompetenten Kollegen wie Herrn Hansen zu haben, der nur wenige Wochen nach dem Vorfall in seiner Firma eine neue Anstellung fand. Für Familie Hansen war das mehr als nur eine Gebetserhörung.

Übrigens: Bald wird Herr Hansen zum dritten Mal Vater, vielleicht sogar an Weihnachten. Das wäre (k)ein Wunder. Oder?

... und irrt ich im Dunkeln

von Karin Ackermann-Stoletzky

„Stille Nacht, heilige Nacht ..." summte Martha leise das vertraute Lied mit. Die Kinderstimmen aus dem Radio des Demenzcafés klangen so schön.

Martha war noch ganz klein, konnte kaum über den Tisch schauen, aber das hielt sie nicht davon ab zu versuchen, an den Plätzchenteig zu kommen.

„Lass das, Martha, du verdirbst dir noch den Magen!", sagte ihre Mama, aber sie klang nicht streng. Im Gegenteil – sie strich Martha ganz zart über das Haar.

„... nur das traute, hochheilige Paar ..." Martha war so müde, sie konnte kaum die Augen offenhalten.

„Hier ist Ihr Kaffee, Frau Weishaupt!", sagte jemand und sie roch den Duft von gutem, echtem Bohnenkaffee.

Wer war Frau Weishaupt? Ach, dieser Duft ... Sie liebte Bohnenkaffee! Wenn es nur nicht so schwer wäre, ihn zu beschaffen! All die vielen Tauschaktionen: ein silberner Löffel gegen Kartoffeln, Kartoffeln gegen Möhren, Möhren und noch ein Löffel gegen Kaffee. Aber dieser Duft entschädigte für alles! Woher kam er denn nun?

Jetzt merkte Martha, wie dunkel es um sie herum war. Nur eine Kerze gab ein wenig Licht und Wärme. Martha saß im Bombenkeller. Endlich war oben alles ruhig, die Angriffe hatten erst einmal aufgehört. Ihr kleiner Sohn kuschelte sich ganz eng an sie, und neben ihr saß ihre Freundin, die Gisi.

„Endlich", flüsterte Gisi, „ich dachte, das hört diesmal gar nicht mehr auf. Und so kurz vor Weihnachten! Das sind doch alles Verbrecher!"

„Wir sind auch Verbrecher, Gisi, du weißt doch ..."

„Sei still", zischte ihre Freundin leise, „du weißt nicht, wer mithört!" Und dann ermunternd: „Guck mal, ich hab eine Thermoskanne dabei. War gerade am Kaffeekochen, als es losging. Jetzt trinken wir erst einmal einen schönen Schluck Kaffee!"

Ach, dieser Duft ... Martha ergriff die Tasse mit beiden Händen. Wo war denn Gisi? Wo war ihr kleiner Sohn? Wenn ihm jetzt etwas passierte! Sie wollte schnell aufspringen, aber es fiel so schwer.

Da war wieder diese Stimme: „Ganz ruhig, Frau Weishaupt, Sie verschütten ja noch Ihren Kaffee!"

Frau Weishaupt, ja, das war sie, und Hans war ihr Mann, und der war im Krieg. Wie sehr sie um ihn bangte! Aber das Leben in Deutschland war auch gefährlich, die Angriffe, dann die Flucht. Wo war ihr Sohn?

„Mein Sohn, wo ist mein Sohn?" Ihre Stimme war so leise, dabei wollte sie doch schreien vor Angst. „Mein Sohn!"

„Ganz ruhig, Frau Weishaupt, ganz ruhig", hörte sie eine Stimme und spürte den beruhigenden Druck einer Hand auf ihrem Oberarm. „Ihrem Sohn geht es gut, es ist alles in Ordnung. Eine Mutter sorgt sich immer um ihr Kind, nicht wahr? Sie sind eine gute Mutter, und Ihr Sohn ist so gut geraten! Da können Sie stolz sein. Sie dürfen jetzt ganz in Ruhe Ihren Kaffee trinken, das haben Sie sich verdient."

Vorsichtig wurde ihr die Tasse wieder in die Hände gegeben, und Martha spürte, dass wirklich alles in Ordnung war. Ihrem Sohn ging es gut. Es gab keine Gefahr. Ach, da war ja ... wie hieß sie noch? Schwester Anja, das war ja Schwester Anja, und sie lächelte sie an. Es war schön, sie zu sehen.

Alte Menschen saßen mit ihnen am Tisch. Komisch, was machte sie eigentlich hier?

„Wann gehe ich nach Hause?", fragte Martha.

Schwester Anja sagte freundlich: „Ach, jetzt gibt es erst einmal Kaffee und Kuchen, Frau Weishaupt. Es geht doch nichts über einen schönen Adventsnachmittag mit Kaffee und Kuchen. Ohne Sie wäre es nur halb so schön!"

Martha wusste nicht, wo sie war, aber Schwester Anja kannte sie. Dann war wohl alles in Ordnung? Sie fasste nach Anjas Hand.

„Man kennt sich gar nicht mehr aus", sagte Martha. Mit einem Mal war sie wieder traurig und fühlte sich ganz verloren. Wie von selbst fiel ihr ein Teil aus einem Gedicht ein, oder war es ein Gebet? „Und irrt ich im Dunkeln und fand mich nicht aus ..."

„Ach", sagte Schwester Anja, „das kenn ich auch! Es ist von Fritz Reuter, glaub ich. ‚Und irrt ich im Dunkeln ...'"

„... und fand mich nicht aus", ergänzte Martha. Es war schön, mit einem anderen Menschen zusammen die vertrauten Worte zu sprechen, „bei dir, Herr, ist Klarheit und licht das Haus!"

„Klarheit und licht das Haus", murmelte Martha noch einmal. Und Frau Gilbert neben ihr, die die ganze Zeit zu schlafen geschienen hatte, sagte laut und deutlich: „Amen!"

Der Weihnachtshase

von Thomas Sieling

Als es an diesem Tag an der Tür klingelt, ist Tommi schon zu Hause. Sonst hätte er das Klingeln ja gar nicht hören können. Wäre er noch, wie sein großer Bruder Roland, in der Schule gewesen, hätte er den Anfang dieser höchst seltsamen Weihnachtsgeschichte verpasst. Und das wäre wirklich sehr schade gewesen.

Wobei „sehr schade" fast schon gute Chancen hätte, zur Untertreibung des Jahres gewählt zu werden. Nun aber ist Tommi also bei seiner Mutter in der Küche und hört das Klingeln. Mutter hat beim Hantieren mit Töpfen und Pfannen allerdings nichts mitbekommen. Gut so!, denkt Tommi. Der oder die vor der Tür kann ruhig noch eine Weile dort warten. Schließlich ist es ja wohl echt unhöflich, ein wichtiges Mutter-Sohn-Gespräch zu unterbrechen. Immerhin geht es um einige kostbare Stunden seines Lebens. Es will wohlüberlegt sein, wie der Nachmittag gestaltet wird.

Und einige richtig gute Möglichkeiten fallen in diesen Tagen leider aus. Von „... weihnachtlich glänzet der Wald ..." ist weit und breit nichts zu sehen. Wenn man überhaupt irgendetwas sehen kann!

Der Kalender zeigt zwar den 19. Dezember an, aber dem Wetter nach ist es ein fieser neblig-nasser November. Keine Chance für Schlittenfahren, Schneeballschlacht und andere aufregende Wintersachen. Für Tommi müsste es noch nicht einmal unbedingt Schnee sein. Trocken, einfach nur trocken, klare Sicht; dabei dürfte es ruhig kalt sein. Mehr wünscht Tommi sich gar nicht. Das würde zum Fußballspielen, zum Fahrradfahren, zum Versteckspielen und für viele andere schöne Dinge völlig reichen.

Natürlich hat Tommis Mutter schon ein paar Vorschläge gemacht: Karten spielen mit Ben, Andi zum Bauen mit Lego einladen und so etwas. Aber irgendwie ist das alles nichts.

In seine wirklich nicht so fröhlichen Überlegungen mischt sich bei Tommi immer mehr auch der Gedanke ein, dass seine Wünsche nun nicht so großartig seien. Sogar eigentlich ganz bescheiden. Da könnte Gott doch wohl mal was machen. So kurz vor Weihnachten müsste es dem nicht schwerfallen, den Wunsch nach einem interessanten Nachmittag zu erfüllen ...

Ding, dong. Es klingelt erneut. Ach ja! Da ist ja immer noch jemand vor der Tür. Mutter steht leicht erhitzt vom Kochen und mit umgebundener Schürze vor dem Herd.

„Tommi, träumst du? Es hat geklingelt. Wer mag das sein?"

Die Worte seiner Mutter holen ihn zurück in die Wirklichkeit.

Später erinnerten sich die beiden immer wieder gerne an diese Situation. Sie überlegten dann stets aufs Neue, ob Mutter Tommi wohl zur Tür geschickt hätte, wenn sie auch nur eine leise Ahnung davon gehabt hätte, was dort auf sie wartete.

Noch immer ohne Lösung für sein Problem, den Nachmittag interessant zu gestalten, steht Tommi schließlich auf und begibt sich zur Tür. Er öffnet sie und sieht vor sich einen fremden Mann in Uniform. Ein Polizist ist das nicht. Das erkennt Tommi sofort. Der Briefträger?

„Guten Tag. Ist deine Mutter da? Ich habe hier was für Ihrling."

Aha, ein Bote also.

„Was ist denn?", ruft die Mutter aus der Küche und erscheint dann selbst an der Tür.

Die Frau starrt den Mann an. Nein, mehr noch: Es ist ganz eindeutig ein panisches Glotzen. Sie sieht auf das eingewickelte Etwas, dann zurück zu dem Gesicht des Boten, dann wieder auf dieses Dings da. Ihr Blick wird zu einem Ausdruck des Entsetzens. Und dann ein Schrei. „Ihhhhhh!" Mehr nicht. Nur „ihhhhhh!" Und das so laut, dass es in allen acht Etagen des Hauses gut zu hören ist. Vom Schrei der Mutter alarmiert, schaut Tommi jetzt genauer hin. Und begreift. Ganz, ganz langsam.

Der Mann hält doch tatsächlich einen grob in braunes Packpapier gewickelten, ausgewachsenen toten Hasen an dessen langen Löffeln in der Hand und streckt ihn Mutter und Sohn entgegen.

Ein Hase zu Weihnachten. Das gibt's doch gar nicht! Das glaubt mir kein Mensch!, denkt Tommi.

Dem Boten wird die Sache offenbar langsam unangenehm. Er will einfach nur seinen Auftrag erledigen – und dann nichts wie weg. „Der ist von Ludwig, soll ich ausrichten." Und weil Mutter immer noch nicht reagiert: „Wohin jetzt damit?", ist die schon leicht genervt vorgetragene Frage. Ganz stabil scheint Tommis Mutter noch nicht wieder zu sein. Aber immerhin bringt sie eine Antwort zustande.

„Äh, äh ... ach bringen Sie das doch bitte hierher."

Sie öffnet die Tür des Badezimmers. „Legen Sie das bitte in die Wanne."

Der Mann beeilt sich, die Bitte zu erfüllen. Dann verabschiedet er sich, wünscht frohe Weihnachtstage und ist auch schon weg.

Tommi meint, er hätte auf dem Gesicht des Boten beim Rausgehen ein leicht schiefes Grinsen entdeckt. Auch er selbst hat ein bisschen Mühe mit der Kontrolle seiner Lachmuskeln. Gott erscheint ihm auf einmal auch wieder in einem viel freundlicheren Licht. Er sieht berechtigte Aussichten auf einen doch noch durchaus interessanten Nachmittag. Aber das verrät er seiner Mutter lieber nicht.

Die verschwindet ganz schnell in der Küche und muss sich erst einmal setzen. „Ein Glück, dass Papa bald nach Hause kommt", bringt sie schließlich hervor. „Das ist ja vielleicht eine schöne Bescherung. Da muss der sich drum kümmern", fügt sie hinzu. „Schließlich ist der Ludwig ja sein bayrischer Freund. Da darf er dieses ausgesuchte Geschenk eines Jägers sehr gerne ganz für sich alleine haben."

Damit ist auch Tommis Frage beantwortet, wer ihnen denn bitte schön einen tot geschossenen Hasen schickt. Und das ausgerechnet zu Weihnachten. Ein Weihnachtshase für Ihrlings. Großartig! Tommi kann die Ankunft seines Vaters kaum erwarten. Er ist total gespannt, was der wohl zu der Sache sagt. Und vor allen Dingen, was der mit dem Geschenk machen wird.

Nun ja. Es kommt dann natürlich genau so, wie erwartet: Papa versteht Mamas „ihhhhh!" gar nicht. Ganz im Gegensatz zu ihr ist er regelrecht begeistert. Schließlich ist die Haushaltskasse gerade ziemlich leer. Der Bau des neuen Hauses verschlingt eben eine Menge Geld. Da kommt die kostenlose Alternative zur alljährlichen Weihnachtsgans wie gerufen.

Mit dieser Meinung steht er allerdings erst einmal alleine da. Aber nicht lange. Papas Kochkünste lassen jeglichen noch vorhandenen Widerstand der übrigen Familienmitglieder am ersten Weihnachtstag ganz kläglich zusammenbrechen.

Weit mehr als der wirklich köstliche Geschmack des Weihnachtshasen bleibt den vier Ihrlings allerdings etwas anderes von dieser Mahlzeit im Gedächtnis. Das fängt ganz harmlos an. Mit einem seltsamen Satz.

„Jungs, denkt dran: Ohne Ostern könnt ihr Weihnachten vergessen." Dann erklärt Papa, welche Gedanken ihm bei der intensiven Beschäftigung mit diesem ungewöhnlichen Geschenk gekommen sind: „Der Ludwig wollte mir etwas Gutes tun; er hat sich Mühe gemacht, mir was wirklich Sinnvolles zu schenken. Dafür bin ich ihm sehr dankbar. Wirklich. Und dann habe ich so gedacht: Wie viel, viel wertvoller ist Gottes Geschenk für uns Menschen doch! An Weihnachten erinnern wir uns daran, dass er seinen eigenen Sohn zu uns auf die Erde gesandt hat. Erinnerst du dich an die Situation an der Tür, Tommi? Du und Mutter hättet das Geschenk auch ablehnen können. Annahme verweigert. Diese Freiheit gewährt Gott uns Menschen auch. Annahme und Ablehnung, beides ist möglich. – Und noch etwas." Papa ist deutlich anzusehen, wie ernst ihm das ist, was er jetzt sagen will. Es ist mehr als das Kerzenlicht und das weihnachtliche Gefühl, was seinen Worten eine besondere Würde verleiht. Tommi empfindet beinahe so etwas wie Ehrfurcht in diesem Moment. Auch sein schon sechzehn Jahre alter Bruder Roland und die Mutter lauschen aufmerksam.

„Der Hase musste sterben. Nur so konnte er für uns zur Nahrung werden."

„Aber deswegen musste er ja nun trotzdem nicht auf diese fiese Art hier herkommen!" Mutter kann den empörten Ausruf einfach nicht zurückhalten.

Doch Papa lässt sich davon gar nicht aus dem Konzept bringen. So, als hätte er nichts gehört, fährt er fort: „Er hat sich das nicht ausgesucht, er war nur ein Tier, das sein Leben verlor, weil der Jäger es so wollte. Ganz anders bei dem, dessen Geburtstag wir zu Weihnachten feiern. In der Bibel steht über Jesus Christus: ‚Ich bin das lebendige Brot, das aus dem Himmel herabgekommen ist. Wenn jemand von diesem Brot isst, wird er leben in Ewigkeit. Das Brot aber, das ich geben werde, ist mein Fleisch für das Leben der Welt.' So steht es in Johannes 6,51."

„Ach, Erich. Jetzt mach aber mal einen Punkt! Es ist Weihnachten. Da musst du uns nicht solche Gedanken servieren. Wir wollen uns doch zusammen freuen", wirft die Mutter jetzt ein.

Da sind Roland und Tommi ganz ihrer Meinung. Doch Papa hat offenbar so seine eigene Sicht der Dinge. Und die möchte er seiner Familie auf jeden Fall mitteilen. Sein Gesicht zeigt deutlich, dass er sich zurückhalten muss, nicht ärgerlich auf diese Unterbrechungen zu reagieren. Sein Ton bleibt aber weihnachtlich milde gestimmt.

„Überlegt doch mal – die echte Weihnachtsfreude. Darum geht es mir! In dem Bibeltext kündigte Jesus an, dass er sich selbst opfern würde. Er spricht von seinem Tod. Jesus wird geboren, das ist wunderschön. Aber dass er freiwillig stirbt, den Tod besiegt und ewiges Leben schafft, das ist noch schöner. Das ist erst recht Weihnachtsjubel. Niemals hätte ich es für möglich gehalten, dass mir eines Tages ausgerechnet ein Hase zu Weihnachten eine solch eindrückliche Predigt über den freiwilligen Tod von Jesus halten würde."

Ein bisschen komisch findet Tommi diese Vergleiche ja schon. Ein Hase und Jesus. Das hat er noch nie gehört. Papa scheint seine Gedanken lesen zu können. Denn er erklärt:

„Ich bin selbst überrascht, dass mir diese Gedanken gekommen sind, Jungs. Aber in der Bibel spricht Gott oft durch sehr eigenartige Dinge zu Menschen. Ganz besonders, wenn er das Herz erreichen will. Und so glaube ich, dass es für mich in diesen Tagen eben ein Weihnachtshase ist."

Tommi ist erst einmal mit der Erklärung zufrieden. Aber was ist mit diesem „Ohne Ostern könnt ihr Weihnachten vergessen!"?

Wieder scheint Papa in seinen Kopf hineinsehen zu können.

„Was kein Hase, kein Tier und auch kein Mensch jemals konnte, etwas, was nur Jesus tun konnte – daran denken wir an Ostern. Jesus hat den Tod besiegt. Er ist auferstanden und lebt. Die Geburt ist nur der Anfang. Ein Anfang, den Jesus mit uns Menschen gemeinsam hat. Seine absolute Einzigartigkeit aber, das ist Ostern. Und darum ist die Weihnachtsfreude erst vollständig, wenn zu der Freude über die Geburt von Jesus auch der Jubel über seine Auferstehung aus den Toten zum Leben kommt. In diesem Sinne, meine Herren", fügt Papa jetzt mit weniger feierlicher Stimme hinzu, „... im Sinne vollständiger Freude, kommt doch bitte mal mit."

Er geht gemessenen Schrittes voraus ins elterliche Schlafzimmer. Dort angekommen, sagt er nur: „Es könnte sein, dass hier noch ..."

Weiter kommt er gar nicht. Denn Roland hat schon den Karton mit der Carrera-Bahn unter dem Bett entdeckt. Der Rest ist Jubel, in dem die denkwürdige Geschichte vom Weihnachtshasen allerdings keineswegs untergeht. Im Gegenteil. Sie ist bei den Ihrlings auch in der Generation der Enkel weiter lebendig.

Ein Erlebnis aus Kindertagen bildet die Grundlage dieser Geschichte mit wirklichen und erdachten Elementen. Dabei sind Übereinstimmungen mit realen Personen keineswegs zufällig. Meine Angehörigen bitte ich um Nachsicht, falls sie sich an der einen oder anderen Stelle nicht nah genug an der Wirklichkeit orientiert dargestellt empfinden.

Die Engel vom Klavier

von Marieluise Bierbaum

„Ach, was ist das schön, mal wieder zu Hause zu sein." Mit diesen Worten betritt Anna den Flur und drückt ihre Mutter fest an sich. Es ist eine Woche vor Weihnachten und Anna kommt gerade aus England, wo sie seit einem halben Jahr studiert. Nun will sie Weihnachten im Kreis der Familie feiern. Alle haben sich schon sehr auf dieses Wiedersehen gefreut.

Sie hat den Koffer abgestellt und geht durch das ganze Haus. Zuerst in ihr Zimmer, das unverändert ist, obwohl es in ihrer Abwesenheit so manches Mal als Gästezimmer gedient hat. Das Arbeitszimmer des Vaters, die anderen Schlafräume, die Küche, alles wird genau betrachtet und Anna freut sich, dass sich fast nichts verändert hat. So ist das mit dem Nach-Hause-Kommen. Man möchte alles so vorfinden, wie man es verlassen und in Erinnerung hat. Auch die zum Teil selbst gebastelte Weihnachtsdekoration, die Sterne und Lichterketten, die jedes Jahr in der Adventszeit hervorgeholt und an ihren angestammten Platz gestellt werden.

Doch dann plötzlich ein entsetzter Schrei aus dem Wohnzimmer.

„Mama, wo sind denn die Engel vom Klavier? Das geht aber gar nicht! Weihnachten ohne die Engel auf dem Klavier."

Erschrocken kommt die Mutter dazu. Ja, tatsächlich, sie hat dieses Jahr vergessen, die Engel auf das Klavier zu stellen. Ein unverzeihlicher Fehler, denn das ist eine besondere Geschichte mit dieser Gruppe von sechs Engeln, die eigentlich jedes Jahr zur Weihnachtszeit auf dem Klavier stehen.

Vor vielen Jahren fing es an. Die Kinder waren noch klein, da brachte die Großmutter in der Adventszeit einen Engel als Geschenk für die Familie mit. Er war aus Ton, etwa fünfzehn Zentimeter groß, weiß angemalt mit kleinen Flügeln am Rücken und einer Kerze in den Händen vor dem Bauch. Schnell fand er seinen Platz auf dem Klavier und wurde von den Kindern gleich geliebt. Sie hatten auch sofort einen Namen für den Engel.

„Er sieht aus wie Pastor Feldmann, so gerade und aufrecht, so würdig, wie er die Kerze hält. Genau wie Pastor Feldmann. Und er guckt so ernst und trotzdem freundlich."

Es war klar, die Kinder mochten den Pastor, und obwohl er sicherlich kein Engel war, hatte der neue Engel doch Ähnlichkeit mit ihm und deshalb seinen Namen verdient.

Als die Großmutter im Jahr darauf zur Weihnachtszeit wieder mit einem Engel der gleichen Serie kam, stand *Pastor Feldmann* schon auf dem Klavier. Der neue Engel war viel kleiner. Er hatte die Hände wie zum Gebet vor dem Bauch gefaltet, den Kopf nach hinten gebogen, den Mund weit aufgerissen und sang aus voller Kehle.

„Genau wie Lieschen im Kinderchor. Die singt zwar nicht immer richtig, aber auf jeden Fall laut und voller Inbrunst." Eigentlich hieß sie Lisa, aber alle nannten sie Lieschen, weil sie so kein und niedlich war. Da waren sich die Kinder schnell einig. Der neue Engel sollte *Lieschen* heißen. Und so stellten sie *Lieschen* neben *Pastor Feldmann* auf das Klavier.

Die Großmutter hatte inzwischen gemerkt, dass ihre Engelgeschenke gut ankamen und brachte im nächsten Jahr wieder einen Engel mit, der genau zu den anderen passte.

„Oh nein", rief Anna voller Schrecken, als sie den neuen Engel auspackte. „Das ist ja Frau Schröder."

Es war diesmal wieder ein großer Engel. Er hatte die Hände hinter dem Rücken verschränkt und stand abweisend und kerzengerade da, mit hoch erhobenem Kopf und strenger Miene. Frau Schröder war Annas Lateinlehrerin, mit der sie in der letzten Zeit ein paar Probleme gehabt hatte. Nach einer hitzigen Diskussion, ob ein Engel denn auch so steif und streng sein könnte, einigte man sich aber doch auf den Namen und stellte *Frau Schröder* zu den beiden anderen Engeln aufs Klavier. Schließlich war die Lehrerin immer gerecht gewesen, und die Misserfolge in Latein waren nicht ihre Schuld.

Inzwischen gehörten die Engel auf dem Klavier schon richtig zur Familie, und so kaufte die Mutter im nächsten Jahr zur Weihnachtszeit selbst einen Engel der gleichen Sorte. Und als die Großmutter auch wieder einen Engel mitbrachte, war die Überraschung groß. Was für ein Zufall! Es waren zwei gleiche Engel, nur war der eine groß, der andere klein. Und wie sie aussahen! Sie hielten sich mit beiden Händen die Ohren zu, so, als wollten sie den falschen Gesang von *Lieschen* oder die strengen Worte von *Frau Schröder* und die langen Predigten von *Pastor Feldmann* einfach nicht hören. Eigentlich sahen sie richtig lustig aus, wie sie die Augen zukniffen und sich die Ohren zuhielten.

„Der kleine erinnert mich an dich, mein Sohn. Immer wenn du nicht hören willst, was ich dir sage", meinte die Mutter. „Wir könnten ihn Johannes nennen. Wie findet ihr das?"

Anna war sofort einverstanden. Und nach einigem Murren ließ sich auch der kleine Bruder überreden. Er fand es sogar ganz schön, nun als Engel mit auf dem Klavier zu stehen.

Für den großen Engel, der sich die Ohren zuhielt, musste noch ein passender Name gefunden werden. Das war diesmal gar nicht so leicht. Es gab so viele Leute, die den Lärm der Kinder nicht hören wollten: Lehrer und Chorleiter, Eltern und Nachbarn. Und da fiel Anna ein, wie sich die Leiterin im Kindergottesdienst am letzten Sonntag tatsächlich die Ohren zugehalten hatte, weil die Kinder in ihrer Gruppe einfach nicht zur Ruhe kommen wollten und alle durcheinander redeten. Sie hieß Frau Meineke, aber alle Kinder durften Adelheid zu ihr sagen.

„Wir können den Engel *Adelheid* nennen. Wie findet ihr das?", fragte Anna.

„Ja, das ist eine gute Idee. Dann haben wir jetzt fünf: *Pastor Feldmann, Lieschen, Frau Schröder, Johannes* und *Adelheid*. Was für eine wunderbare Gruppe!"

„Aber da fehlt noch was. Zum Gesang gehört ein Instrument", dachte die Großmutter laut und brachte im nächsten Jahr einen Engel mit, der eine Harfe spielte. Ein Name für diesen Engel war schnell gefunden. Die Familie kannte nur eine, die Harfe spielen konnte: Sonja Schönfeld. Sie spielte im städtischen Orchester und war ihnen persönlich bekannt. Sie lebte ganz für die Musik und verstand ihre Begabung auch als ein besonderes Geschenk von Gott. Es war immer wieder beeindruckend, wie hingebungsvoll sie die Töne aus ihrem Instrument zauberte. Ja, das war klar. Der Engel mit der Harfe musste *Sonja Schönfeld* heißen.

Nun war die Gruppe der Engel komplett, und da standen sie Jahr für Jahr zur Weihnachtszeit auf dem Klavier. Jeder Engel ein Mensch mit einer ganz persönlichen Geschichte. Jeder anders und trotz aller Mängel und Fehler doch so liebenswert.

Und eins, das Wichtigste, hatten sie alle gemeinsam: Sie hatten den Mund zum Singen weit geöffnet. Zum Singen zu Gottes Lob und

Ehre. Wie damals bei den Hirten auf dem Feld: „Ehre sei Gott in der Höhe und Friede auf Erden bei den Menschen seines Wohlgefallens."

Weihnachten ohne Engel! Nein, das geht wirklich nicht.

Die geklaute Weihnachtsfreude
Oder:
Nicht zur Nachahmung empfohlen!

von Christoph Zehendner

„Ihr Wunschzettel ist in diesem Jahr besonders lang ausgefallen. Eiskalt und mit größtmöglicher Raffinesse hat sie sich all das besorgt, was auf der Liste steht. Aber diesmal hat sie sich einfach zu viel vorgenommen. Und sie ist unvorsichtig geworden – bei ihrem letzten Diebstahl in einem Kaufhaus an der Kaiserstraße haben wir sie schon erwartet ..."

Hauptkommissar Weller lehnt sich zufrieden zurück, blättert geistesabwesend die dicke Akte durch, die vor ihm auf dem Tisch liegt. „Die alte Dame hat es diesmal einfach übertrieben: CD-Player, Kuschelteddys, Barbie-Puppen mit jeder Menge Klamotten, Fußbälle, Rollerskates, Bilderbücher ... Wer sich eine solche Menge Weihnachtsgeschenke an der Ladenkasse vorbei organisiert, der muss einfach auffallen. Trickreich, skrupellos, bis an den Rand voll mit krimineller Energie, die alte Dame. Hat ganz schön gedauert, bis wir ihr auf die Schliche kamen. Wer rechnet schon damit, dass der lang gesuchte Täter eine klapprige alte Schachtel über achtzig ist? Aber zum Glück ist das ja jetzt vorbei, die Weihnachtsüberraschung fällt diesmal bei ihr aus!"

„Ja, Chef", brummt Ralf Pohlmann, der Student der Polizeihochschule, der gerade ein Praktikum auf Wellers Revier macht. „Sie haben recht, Chef, es wurde höchste Zeit, dass wir dieser Ladendiebin endlich das Handwerk legen. Seit Jahren schon hat sie geklaut wie ein Rabe, ich konnte es kaum glauben, als ich die Akte durchgesehen habe. Aber skrupellos ist sie nicht, und kriminelle Energie kann ich auch nicht erkennen. Sie sitzt draußen im Flur und heult sich die Augen aus ..."

„Nicht so sentimental, Pohlmann. Sie ist eine Straftäterin, wir haben sie auf frischer Tat ertappt, wir haben viele Indizien dafür, dass sie seit Jahren in der Adventszeit systematisch sämtliche Spielwarengeschäfte und Kaufhäuser dieser Stadt beklaut – da fehlt mir jegliches Mitleid!"

„Ja, Chef, versteh schon", erwidert Pohlmann kleinlaut, während er mit nervöser Hand Strichmännchen auf den Block vor sich zeichnet. „Sie haben ja recht. Die alte Dame bereut, was sie getan hat, sie ist total zerknirscht, macht sich Vorwürfe und kann es selbst nicht fassen, was geschehen ist ..."

„Kein Wunder, dass sie heult. So professionell, wie die vorgegangen ist, weiß sie ganz genau, dass ihr bei dem Gesamtschaden, den sie angerichtet hat, eine empfindliche Strafe droht. Das ist natürlich zum Heulen, auch für so ausgebuffte Verbrecher wie sie."

„Ja, Chef, sie rechnet mit einer Gefängnisstrafe. Aber deswegen weint sie nicht. Ich habe das Gefühl, dass sie schon lange darauf gewartet hat, dass wir sie schnappen. Frau Hieber wirkt fast erleichtert darüber, dass der Spuk für sie endlich vorbei ist. Tränen vergießt sie aus einem völlig andern Grund."

„Na, da bin ich ja mal gespannt, welchen Grund der verehrte Herr Großmutter-Versteher zu Protokoll geben wird." Weller ist verärgert aufgestanden, baut sich vor dem sitzenden Praktikanten auf. Auf dessen Block sind inzwischen Zeichnungen von unzähligen Strichmännchen zu sehen. Und von Geschenken, mit und ohne Schleifenband, großen und kleinen. „Ich finde es ja lobenswert, dass Sie sich so in unsere Kundschaft einfühlen, Herr Pohlmann, aber wir sind hier keine Psychologen und keine Heilsarmee, wir sind die Polizei und sorgen für Recht und Ordnung."

„Ja, Chef, das ist mir bewusst, deswegen habe ich diesen Beruf ja auch gewählt. Aber so verrückt es klingt: Frau Hieber hatte im Grunde auch nichts anderes vor, als für Recht und Ordnung zu sorgen ..."

„Jetzt reicht's aber, Pohlmann! Entweder Sie hören auf mit diesen seltsamen Andeutungen oder Sie sagen mir klipp und klar, welche Schlussfolgerungen Sie aus den ersten Aussagen der Dame ziehen. Und ich rate Ihnen, dass sich Ihre Argumentation sehr logisch und sehr überzeugend anhören sollte!"

„Das ist ja das Problem, Chef, ich finde die ganze Angelegenheit und diese Frau Hieber kein bisschen logisch – ich kann sie einerseits verstehen und andererseits überhaupt nicht. Aber ich fange am besten mal ganz von vorne an und erzähle Ihnen, was ich weiß: Frau Hieber lebt nicht weit weg von hier in einer Zweizimmerwohnung im Westen. Sie ist schon seit Jahrzehnten verwitwet, hat keine Kinder, keine Verwandten, die Rente reicht so gerade eben für sie und ihren Kater. Ihr ganzer Lebensinhalt aber ist ihre Kirchengemeinde.

Sonntag für Sonntag marschiert sie zum Gottesdienst, unter der Woche hilft sie jeden Tag mit bei allen möglichen Aktivitäten, und besonders oft geht sie zum offenen Jugendtreff."

„Zweiundachtzig Jahre alt und regelmäßig im Jugendtreff? Pohlmann, was erzählen Sie da für einen Stuss?"

„Chef, ich kann ja nur wiedergeben, was ich gerade selbst von ihr gehört habe. Sie war etwas durcheinander, verwirrt, aber so habe ich sie verstanden: Sie fühlt sich als eine Art Ersatzoma für all die Kinder und Jugendlichen aus der Hochhaussiedlung, die regelmäßig in den Jugendtreff kommen, weil es dort eine warme Suppe und ein paar warme Worte für sie gibt."

„Und da zieht sie einfach los, klaut alles, was das Kinderherz begehrt, und fühlt sich dann auch noch als Streiterin für Recht und Ordnung. Pohlmann, Sie sind wirklich naiv!" Weller hat sich wieder hingesetzt, er sieht aus dem Fenster und drückt schon durch diese Körperhaltung aus, wie unsinnig er das findet, was sein Praktikant ihm gerade zu vermitteln versucht.

„Frau Hieber weiß, dass sie einen riesengroßen Fehler gemacht hat, sie würde es gerne rückgängig machen. Aber sie sagt auch immer wieder: ‚Ich konnte einfach nicht anders.' Sie heult, weil es in diesem Jahr keine Weihnachtsbescherung im Jugendtreff geben wird. ‚Jemand muss doch etwas für diese Kinder tun,' sagt sie immer wieder. ‚Die haben einfach niemanden, der sich um sie kümmert. Keinen Vater, der sie in den Arm nimmt, keine Mutter, die ihnen zuhört. Und Weihnachten, da wird bei denen zu Hause doch nur geglotzt und gesoffen, und dann wird gestritten und zugeschlagen ... Diese Kinder sind so arm dran, sie brauchen so sehr Liebe und Verständnis', sagt sie. Und: ‚Es ist einfach nicht gerecht, dass ihre Altersgenossen mit Geschenken bombardiert werden und sie leer ausgehen. Da musste ich doch einfach ein Stück Weihnachtsfreude verbreiten.' Und genau deshalb hat sie schon vor Jahren mit den Ladendiebstählen begonnen. Erst hat sie sich eine Liste geschrieben, ihren Wunschzettel – so wie den, den sie bei ihrem vorletzten Diebstahl im Spielwarengeschäft am Marktplatz verloren hat. Für jedes einzelne Kind hat sie sich ein passendes Geschenk ausgedacht und das dann bei ihren systematisch geplanten Touren besorgt. Eigentlich wie eine liebevolle Großmutter, nur eben, ohne zu bezahlen." Der Praktikant fährt mit dem Kugelschreiber auf und ab und achtet gar nicht darauf, dass er dabei seine vielen Strichzeichnungen immer wieder durchstreicht.

„Pohlmann, hören Sie auf mit dieser Gefühlsduselei. Ich glaube der alten Schnecke kein Wort. Wenn sie wirklich fromm wäre, dann würde sie das achte Gebot kennen – oder war's das siebte: Du sollst nicht stehlen! Soll sie ihren Kids doch warme Socken stricken oder Weihnachtsengel basteln."

„Hat sie doch alles gemacht, Chef. Aber dazu gab's dann eben für jeden ein ganz besonderes Geschenk, einen Herzenswunsch jeden Kindes und jedes Jugendlichen. Und das hat sie eben geklaut."

„Schluss jetzt, Pohlmann. Ich hab Ihnen lange genug zugehört bei diesem Quatsch ... Jetzt hören Sie mir mal zu."

Weller hat sich vom Fenster weggedreht und sieht seinem Praktikanten lange prüfend in die Augen. Der hält seinem Blick stand.

„Also, Pohlmann. Erstens: Sie werden diese Frau Hieber nicht weiter vernehmen, ich entziehe Ihnen den Fall. Ein anderer Kollege wird sich mit aller gebotenen Distanz und Strenge mit Frau Hieber beschäftigen. Zweitens: Sie rufen jetzt den Pfarrer von Frau Hieber an und bitten ihn, vorbeizukommen und der reuigen Sünderin Beistand zu leisten. Und drittens ... drittens sprechen Sie mit den Kollegen, die die Tombola bei unserer Weihnachtsfeier organisieren. Soweit ich weiß, ist noch offen, wohin der Gewinn in diesem Jahr gehen soll. Sagen Sie denen, wir wüssten ein sinnvolles Projekt, das ‚Projekt Weihnachtsoma'. Die Polizei, dein Freund und Helfer – vielleicht können wir ja diesmal dabei helfen, dass in dem Jugendtreff etwas Recht und Ordnung einziehen. Da können wir ja sicher ein paar Geschenke von der Wunschliste finanzieren. Und ein bisschen Weihnachtsfreude verbreiten ..."

Heimat für einen Nachmittag

von Michael Jahnke

Der Stuhl war unbequem. Franz rutschte darauf herum und ließ seinen Blick an den Wänden entlang durch den kleinen Raum schweifen, bis er bei der Uhr an der Wand hinter dem hölzernen Tresen hängen blieb. Halb elf. Kein Wunder, dass ihm der Magen knurrte. Er war seit dem frühen Morgen hier und hatte nicht gefrühstückt.

Franz zog den Schal enger um den Hals und schloss auch den obersten Knopf der Jacke. Obwohl die Heizung an war, wurde es einfach nicht warm. Durch den Türspalt zog kalte Luft vom Innenhof herein. Es hatte geschneit. Franz schaute sich wieder um. Mit ihm saßen noch zwei Menschen in dem Raum. Den Mann mit dem ausgedünnten Pelzkragen am braunen Mantel kannte er bereits. Er war in den letzten Tagen auch immer da gewesen. Die junge Frau war neu. Seit Stunden spielte sie mit ihren Handschuhen herum. Immer wieder fiel ihr einer auf den Boden aus dunkelgrünem Linoleum. Dann lachte sie, bückte sich und hob ihn auf. Blödes Spiel, dachte Franz.

Heute früh waren es ein paar mehr Menschen gewesen. Ein Dutzend vielleicht. Einige Glückliche hatten direkt einen Zettel erwischt, hatten die Mützen aufgesetzt oder die Kapuzen übergezogen und waren nach draußen geeilt. Ein paar andere hatten sich zum Warten hingesetzt und waren dann nach und nach mit oder ohne Zettel gegangen. Nur er, der Mann und die Frau waren geblieben. Bislang war nichts für sie dabei gewesen. Und je später es wurde, desto schlechter standen die Chancen. Insbesondere an einem Tag wie diesem.

Die Dame mit der schwarzen, eckigen Brille hinter dem Tresen stand auf und winkte mit einem Zettel. Franz setzte sich gerade hin.

„Ich habe hier etwas für eine weibliche Arbeitskraft. Eine ältere Dame in Ehrenfeld braucht eine Putzhilfe für drei Stunden. Dort soll auch die Wohnung weihnachtlich geschmückt werden. Bezahlung ist 10 Euro die Stunde."

„Das mache ich!", rief die junge Frau mit den Handschuhen. Sie sprang auf und ging hastig zum Tresen. Im Vorbeigehen lächelte sie Franz an. „Ich kann sogar die Wohnung schmücken! Super, oder?" Franz nickte, lächelte aber nicht zurück. Er schaute zu, wie sie den Zettel nahm, sich im Vorbeigehen die Handschuhe überstreifte und die Tür aufzog. Kalte Luft strömte in den Raum.

Franz seufzte auf. Er brauchte das Geld. Er war richtig knapp bei Kasse. Und der Monat dauerte noch sieben Tage. Der Nebenjob in der Mensa brachte zwar etwas mehr als die Miete ein, aber für das Semesterticket, die Studiengebühren, die Bücher und das Essen brauchte er eben auch Geld. Um über die Runden zu kommen, musste er immer wieder an der Jobbörse der Uni vorbeikommen und sich Arbeit für ein paar Stunden ergattern. Die Schneeschieberei gestern auf dem Parkplatz hatte zwanzig Euro gebracht. Das reichte nicht für den Rest des Monats.

Franz schrak aus seinen Gedanken auf, als der junge Mann mit dem braunen Pelzkragen an ihm vorbeiging. „Das wird heute nix mehr!“, murmelte der.

„Vermutlich nicht!“, bestätigte Franz.

„Was sitzt du dann noch hier rum? Kannst doch auch verschwinden!“, meinte der andere. „Hast an Heiligabend doch was Besseres vor, oder?“ Er grinste und boxte Franz kumpelhaft an die Schulter. Franz sagte nichts und lächelte nicht zurück. Der andere nickte ihm noch einmal zu und ging in einem Schwall kalter Luft nach draußen. Es schneite wieder. Franz sackte auf seinem Stuhl zusammen.

Was Besseres vor? Nein. Hatte er nicht. Als ihn Steffi, eine Mitstudentin, vor ein paar Tagen gefragt hatte, ob er über die Weihnachtstage zu seiner Familie nach Hause fahren würde, hatte er gelogen. „Na klar“, hatte er gesagt und fröhlich gelacht, „das macht doch jeder. Ist ja schließlich Weihnachten, oder?“

Franz mochte Steffi. Er hatte das kleine Peace-Zeichen auf ihrem Rucksack gesehen. Und von ihrer Familie hatte sie auch häufiger gesprochen. Deshalb hatte er noch gesagt: „Weihnachten ist ja das Fest der Familie und des Friedens.“ Steffi hatte gelacht und ihm zugezwinkert. Dann hatte sie ihm von ihren geplanten Weihnachtsfestlichkeiten erzählt: von ihrer Fahrt ins Erzgebirge zu ihrer Familie, vom Schmücken des Weihnachtsbaums und dem Backen der Kekse mit ihrer Oma. Und von Schwibbögen, Seiffener Weihnachtsschmuck, dem Weihnachtsmarkt in Annaberg und den Geschenken für ihre vielen Nichten und Neffen. „Ich wünsche dir feine Weihnachtstage“, hatte sie schließlich gesagt und Franz kurz an sich gedrückt.

Für ein paar Minuten hatte er die Umarmung nachspüren können. Dann war die Traurigkeit gekommen. Und sie war größer und größer geworden. Mit jedem Detail aus Steffis Erzählung, an das Franz sich erinnerte, war sie gewachsen. Und seine Lüge gellte ihm immer lauter im Ohr. Nein. Er würde nicht nach Hause fahren. Er hatte kein Zuhause mehr.

„Ich habe vielleicht noch was für Sie", sagte die Dame hinter dem Tresen.

Franz fuhr auf. „Wie bitte?", fragte er.

„Ich sagte, ich habe hier vielleicht einen Job für Sie", wiederholte sie und winkte mit einem Zettel.

„Immer doch", erwiderte Franz, stand auf und ging zum Tresen. „Wieder Schnee schieben?" Aus den Augenwinkeln hatte er gesehen, dass es stärker schneite.

Die Dame schüttelte den Kopf. „Sie müssten den Weihnachtsmann spielen", sagte sie.

„Wie bitte?", fragte Franz. „Einen Weihnachtsmann soll ich spielen?"

„So ist es", bestätigte die Dame und wedelte mit dem Zettel. „Die Initiative *Weihnachten für die Welt* sucht dringend einen Ersatz für einen erkrankten Weihnachtsmann. Da gibt es wohl eine weihnachtliche Veranstaltung in dem Asylantenheim in Kalk. Und die ist ...", sie machte eine Pause und schaute auf die Uhr hinter sich, „in genau drei Stunden. Um 14 Uhr geht die Party los. Soll zwei Stunden dauern. Zwölf Euro die Stunde, Kostüm wird gestellt. Größe L."

„Wie bitte?", fragte Franz wieder. Die Dame betrachtete Franz mit prüfendem Blick von oben bis unten. „Ein bisschen dürr für einen gestandenen Weihnachtsmann", meinte sie und lächelte Franz an. „Aber die Kostümgröße L wird wohl passen."

Franz lächelte nicht zurück. „Sie haben nicht doch einen anderen Job für mich, vielleicht Schnee schieben oder Wohnung putzen?", fragte Franz.

„An Heiligabend um elf? Keine Chance!"

Franz nickte. „Dann eben der Weihnachtsmann", murmelte er und griff nach dem Zettel.

„Ich bin der Ersatzweihnachtsmann!", begrüßte Franz die ältere Frau, die ihm die Tür öffnete. Ein paar Minuten war er um den tristen Backsteinbau herumgestrichen. Dann hatte er geklingelt.

„Wie schön, dass Sie heute Zeit haben!", sagte sie und blickte Franz mit freundlichen Augen an. „Wir hatten schon gedacht, wir müssten unser kleines Fest ohne Weihnachtsmann feiern. Kommen Sie doch herein."

Franz trat in den langen Flur und ließ seinen Blick schweifen. Die Tapeten waren an einigen Stellen fleckig und auf den Türen, die vom Flur nach links und rechts abgingen, waren Kratzer und Schrammen. Schäbig wollte es dennoch nicht aussehen. Dafür sorgten die großformatigen Landschaftsbilder an den Wänden. Und neben jeder Tür war ein Foto befestigt, auf dem die Bewohner des Zimmers zu sehen waren. In den Nischen zwischen den Türen standen kleine Tische, die weihnachtlich geschmückt waren. Grüne Zweige lagen dort und Äpfel und Nüsse. Auf jedem der kleinen Tische brannte eine kleine Kerze.

„Es ist nicht einfach, aber wir wollen hier eine schöne Stimmung schaffen", sagte die Frau, die Franz' Blicke bemerkt hatte. „Wollen Sie bitte mitkommen? Es geht in einer Viertelstunde los."

„Was ist *Weihnachten für die Welt*?", wollte Franz wissen, während er der netten Frau folgte.

„Das ist eine Organisation von ehrenamtlich tätigen Christen, die mit Menschen Weihnachten feiern, die ansonsten kaum etwas zu feiern haben", erklärte die Frau. „Es sind Migranten oder Asylanten, Menschen ohne festen Wohnsitz oder Menschen in Seniorenheimen, die niemanden mehr haben. Heute veranstalten wir eine Weihnachtsfeier für die Familien, die hier wohnen. Wir feiern mit ihnen Weihnachten und wollen, dass sie sich wie zu Hause fühlen können." Vor einer Tür blieb sie stehen und zeigte darauf. „Da können Sie sich nach der Weihnachtsfeier umziehen. Wir gehen jetzt noch in mein Büro, um kurz über den Ablauf zu sprechen. Dort steht auch der Sack mit den Geschenken."

Franz hing dem nach, was die Frau ihm erzählt hatte. „... dass sie sich wie zu Hause fühlen können", hatte sie gesagt und es war Franz so vorgekommen, als hätte sie es zu ihm gesagt. Er versuchte, den dicken Kloß in seinem Hals runterzuschlucken. Seit seine Mutter vor zwei Jahren gestorben war, hatte er kein Zuhause mehr. Geschwister hatte er keine und über seinen Vater hatte er seit Jahren mit keinem Menschen gesprochen. Und mit ihm schon seit seiner Kindheit nicht mehr. Franz schluckte noch einmal. Vielleicht bin ich heute derjenige, der hier genau richtig ist, fuhr es ihm durch den Kopf. Eine Heimat für einen Nachmittag.

Franz blickte in seinem Weihnachtsmannkostüm den Flur entlang und konzentrierte sich dann auf den Namen unter dem Foto neben der nächsten Tür. Familie Selczuk. Eine Großmutter, eine Mutter und drei kleine Kinder waren darauf zu sehen. Wo war der Vater?, fragte sich Franz. Und der Großvater?

Zuerst hatten sich die acht Familien, die in den Zimmern wohnten, in dem großen Raum zur Weihnachtsfeier getroffen. Franz hatte sich still dazugesetzt. Sie hatten Musik von einer CD gehört und der Erzählung von den Sternkundigen gelauscht, die zum Jesuskind an die Krippe in Betlehem gekommen waren. Beim anschließenden Kaffeetrinken und Plätzchenessen hatten einige begonnen, ihre Geschichten zu erzählen: von Not und Flucht und Traurigkeit, vom Verlust der Heimat und dem kleinen Glück, am Leben zu sein und neu anfangen zu können. Franz hatte staunen müssen, wie wenig es manchmal brauchte, um Zufriedenheit trotz aller widrigen Umstände empfinden zu können.

Nun also war er an der Reihe. Die Familien waren nach der Feier wieder in ihre Zimmer zurückgegangen und er zog mit der freundlichen Frau von Tür zu Tür und verteilte die Geschenke in seinem Sack. In den ersten Zimmern hatten die Kinder gestrahlt, als sie die Spielzeuge auspackten. Die Mütter hatten ihn gedrückt, als er ihnen Duschgel oder Shampoo oder Süßigkeiten gab, die Männer ihm die Hand gereicht. Es berührte ihn, diese Freude zu erleben.

Franz klopfte vernehmlich an die Tür von Familie Selczuk, öffnete sie und trat ein. Er bemerkte sofort, dass hier etwas anders war. Nicht die Betten, die an den Wänden standen und auch nicht die Schränke. Die Vorhänge hatten das gleiche cremefarbene Braun wie in den Zimmern zuvor, und der Tisch sah genauso wackelig aus. Auch die fünf Menschen, die um den Tisch saßen, waren nicht anders. Anders war, was auf dem Tisch stand. In den Zimmern zuvor waren es die Geschenke gewesen oder eine Schale mit Plätzchen, Bilder von den Verwandten oder eine Kerze. In diesem Zimmer war es eine Weihnachtskrippe aus Holz mit einem kleinen Haus, das wie ein Stall aussah. Davor standen einige Hirten und Schafe. In dem Haus waren Maria und Josef, ein Esel und ein Rind. Und in der Mitte der Szene stand die Krippe mit dem Kind.

Franz machte einige schnelle Schritte in den Raum. „Unsere Weihnachtskrippe, genau die hatten wir doch auch“, murmelte er und wollte nach einer der Figuren greifen. Dann besann er sich und blickte die beiden Frauen und die drei Kinder an.

„Das ist Familie Selczuk aus Armenien“, sagte die freundliche Frau, die ihn begleitete.

„Ho, ho, ho", sagte Franz mit tiefer Stimme. „Dann will ich doch mal sehen, was ich mitgebracht habe!"

Die drei kleinen Kinder kicherten aufgeregt, als Franz seinen Sack auf den Boden stellte und umständlich darin wühlte. Dabei fiel ihm der Zipfel der Mütze ins Gesicht. Als er sich wieder aufrichtete, musste er ihn erst nach hinten schleudern. Die Kinder lachten. Er wollte weitersprechen, als die Großmutter etwas sagte, was Franz nicht verstand. Sie zupfte am Arm der Mutter der Kinder und deutete gestenreich auf Franz.

„Meine Mutter kann nicht gut Deutsch", erklärte die junge Frau. „Aber ich soll Ihnen sagen, dass Sie bei uns willkommen sind." Die Oma der Kinder deutete auf die Krippe und sagte wieder etwas. „Jeder Mensch ohne Heimat ist zu Weihnachten an der Krippe willkommen", übersetzte die junge Frau.

Franz schluckte. Er wusste nicht, was er sagen sollte. Er stand dort, hielt die Geschenke für die Kinder in den Händen und war sprachlos. „Ich ...", stammelte er.

Wieder sagte die Oma etwas. „Meine Mutter hat die Traurigkeit in Ihren Augen gesehen, als Sie in unser Zimmer gekommen sind", übersetzte die junge Frau weiter. „Sie sagt, dass Gott allen Menschen eine Heimat geben will. Deshalb hat er zu Weihnachten seinen Sohn Jesus in die Welt geschickt. In der Krippe liegt die Heimat für jeden Menschen. Wer darauf vertrauen kann, ist zu Hause angekommen." Verlegen blickte sie Franz an.

Franz spürte wieder einen dicken Kloß in seinem Hals. Er legte die Geschenke neben der Krippenszene auf den Tisch und blickte die freundliche Frau an, die ihn begleitete.

„Ich würde gerne ...", setzte er an und schluckte erneut. „Ich würde gerne nachher noch einmal hierhin zurückkommen, wenn wir mit allen Zimmern durch sind", sagte er dann. „Selbstverständlich nur, wenn das in Ordnung ist."

„Natürlich", sagte seine Begleiterin. Franz blickte die ältere Frau an. „Und wenn ich noch einmal kommen darf." Die Mutter der Kinder übersetzte. Für einen Moment war es ganz still in dem Zimmer.

„Willkommen", sagte die Großmutter mit einem starken Akzent.

Franz lächelte. Zum ersten Mal an diesem Heiligabend lächelte er. „Fröhliche Weihnachten", sagte er dann.

Hinweise für Gruppenstunden

Weihnachten ohne Jesus? S. 5
Inhalt: Im Trödelladen ist aus einer Krippe das Jesuskind gestohlen worden. Reumütig bringt der kleine Dieb die Figur zurück und entschuldigt sich, denn Weihnachten ohne Jesus, das geht ja gar nicht.
Thema: Wenn Jesus an Weihnachten ausgeklammert wird, fehlt die Hauptperson.
Lesezeit: 11 Minuten
Bibeltexte: Lukas 2,11; Johannes 3,16; Apostelgeschichte 4,12

Heilige Nacht im August S. 9
Inhalt: Die schreckliche Diagnose steht fest: Opa wird das nächste Weihnachtsfest nicht mehr erleben. Die Familie beschließt daraufhin, ihm eine ganz besondere Freude zu machen und noch einmal Weihnachten mit ihm zu feiern – mitten im August. Weil Opa das Fest so sehr liebt.
Thema: Freude schenken.
Lesezeit: 7 Minuten
Bibeltext: Lukas 2,11

Anders als erwartet S. 13
Inhalt: Dieses Jahr ist alles anders. Eigentlich will Gabi wieder mit Heike den Weihnachtsabend verbringen, so richtig traditionell. Doch die fährt zu der Familie ihrer Tochter. Aber Gabi muss den Abend nicht allein verbringen. Sie erhält eine Anfrage, bei der Weihnachtsfeier für Bedürftige des örtlichen CVJM mitzuhelfen. Weihnachten so ganz anders feiern? Wie gut, dass sie sich dazu entschließt.
Thema: Mit alten Traditionen brechen und sich auf Neues einlassen.
Lesezeit: 12 Minuten
Bibeltexte: 5. Mose 10,18-19; Sprüche 14,21; Jesaja 61,1; Hebräer 13,2

Die Weihnachtspredigt eines Neugeborenen S. 19
Inhalt: Das Baby hat den frühen Morgen des 24. Dezember gewählt, um auf die Welt zu kommen. Eine dramatische Geburt. Janas Gefühle gleichen einem Wechselbad, nachdem ihr Mann sie verlassen hat. Auf ihr Drängen hin ist er mit den beiden Mädchen zu Oma und Opa gefahren, um dort Weihnachten zu feiern. Jana fühlt sich schrecklich

einsam. Da hält der kleine Sohn seiner Mutter eine ganz spezielle Weihnachtspredigt.
Thema: Gott hat über die Geburt seines Sohnes gewacht.
Lesezeit: 7 Minuten
Bibeltext: Lukas 2,1-7

Hoher Besuch S. 23
Inhalt: Opa schwelgt in Erinnerungen. Einmal, als kleiner Junge, hat er den Kaiser beim Besuch in seiner Stadt leibhaftig gesehen. Die Enkelin hört gebannt zu und vergleicht dieses Ereignis mit dem „Besuch" von Jesus in Bethlehem. Dabei wird deutlich: Jesus ist der Größte. Er hilft auch, erbitterten Streit beizulegen.
Thema: Jesus ist unvergleichlich. Mit seiner Hilfe ist Vergebung möglich.
Lesezeit: 13 Minuten
Bibeltexte: Micha 5,1; Matthäus 2,1-18; 6,12; Epheser 4,32

Stille Nacht auf dem Meer S. 29
Inhalt: Weil Ramona mal Weihnachten ohne jegliche Verpflichtungen feiern will, nur für sich allein, hat sie die Kreuzfahrt über die Festtage gebucht. Doch sie kann die Ruhe nicht lange genießen. Eine Mitreisende spürt sie immer wieder auf und nervt sie – bis die Frau ihr wahres Gesicht zeigt und Ramona ihr sagen kann, dass Jesus auch deshalb gekommen ist, damit sich niemand mehr einsam fühlen muss.
Thema: Da sein für Menschen, die Gott uns in den Weg stellt.
Lesezeit: 13 Minuten
Bibeltext: Lukas 10,25-37

Merry Xmas S. 35
Inhalt: Natürlich geht es beim Weihnachtsfest nicht um einen Christbaum, sondern um Jesus. Das wissen die Mitarbeiter des deutschen evangelischen Krankenhauses in Assuan. Aber sie sehnen sich im heißen Ägypten nach einem Stück Heimat. Da bekommen sie unverhofft einen Tannenbaum, der aus Deutschland eingeflogen worden ist, und können ihrem Gärtner Mohammed erzählen, welche Bedeutung der immergrüne Baum hat und wie treu Gott für seine Kinder sorgt.

Thema: Gott ist ein liebender Vater, der treu für seine Kinder sorgt.
Lesezeit: 13 Minuten
Bibeltexte: Psalm 108,4-5; Klagelieder 3,22-23; 1. Johannes 4,9

Eine besondere Nacht S. 41
Inhalt: Ein Schäfer aus Bethlehem erzählt, wie die Menschen ihn wegen seines Berufes verachten und was in der Nacht passiert ist, als Jesus geboren wurde. Nie, nie wird er es vergessen: die Worte des Engels auf dem Feld bei den Schafen und das Kind in der Krippe, den Retter, den Messias, den Herrn.
Thema: Die frohe Botschaft von der Ankunft von Jesus hören zuerst die Verachteten der Gesellschaft.
Lesezeit: 10 Minuten
Bibeltext: Lukas 2,8-20

Schutzengel und Weihnachtswünsche S. 45
Inhalt: Im besten Teenager-Alter will Sarah nicht mehr mit ihren Eltern Weihnachten feiern, sondern mit ihrer Freundin im fernen München. Eigentlich müsste es für diese „Spezies" spezielle Schutzengel geben, denkt die Mutter. Die hatten bei einem Ausflug mit dem Besucher Miles aus den USA dann zum Glück auch Schlimmeres verhütet. Sarah ist kuriert und bleibt liebend gern Weihnachten zu Hause.
Thema: Humorvolle Auseinandersetzung mit Teenagern in der Weihnachtszeit.
Lesezeit: 11 Minuten
Bibeltexte: Psalm 103,20; Hebräer 1,13-14

Der Bilderrahmen S. 51
Inhalt: Durch einen Vorfall im Kunstunterricht erinnert sich die Lehrerin an ein Erlebnis in ihrer Kindheit. Anlass war das Sing-Krippenspiel einer Weihnachtsfeier, bei der sie nicht ein Solo singen durfte. Ein Weihnachtsgeschenk ihrer Eltern in jenem Jahr war ein Bilderrahmen, der sie daran erinnern sollte, dass jeder mit Begrenzungen leben muss, aber in diesem Rahmen sein Leben frei gestalten kann.
Thema: Mit Begrenzungen glücklich leben.
Lesezeit: 10 Minuten
Bibeltexte: Sprüche 14,30; Römer 12,4-8; 1. Petrus 4,10

Durchkreuzte Weihnachtspläne S. 57
Inhalt: Es ist vier Tage vor Weihnachten und dem Besuch ihrer Tochter samt Familie, als Johanna verunglückt und ins Krankenhaus muss. Ausgerechnet ihr Nachbar, Dr. Carlson, ist ihr behandelnder Arzt. Mit ihm und seiner Frau steht sie auf Kriegsfuß. Die Freundlichkeit des Arztes bringt Johanna jedoch zum Nachdenken. Sie erkennt, dass sie Schuld auf sich geladen hat.
Thema: Schuld erkennen und Vergebung empfangen.
Lesezeit: 13 Minuten
Bibeltexte: Matthäus 6,12; Römer 12,21; Epheser 4,32

Mary und Joseph oder das Wunder der fünften Straße S. 63
Inhalt: Heiligabend nach Geschäftsschluss in einem New Yorker Spielzeugkaufhaus. Die Toilettenfrau Mary will gerade Feierabend machen, als sie den lebensmüden Joseph entdeckt. Sie nimmt ihn mit nach Hause. Das Gespräch mit Mary und der Besuch der Gospelmesse in der Nacht geben dem Mann, der alles hat, nur keinen, der mit ihm Weihnachten feiert, neuen Sinn im Leben. Joseph ist nämlich der Besitzer des Kaufhauses.
Thema: An Weihnachten neuen Sinn im Leben entdecken.
Lesezeit: 21 Minuten
Bibeltexte: Psalm 102,8; Johannes 10,10

Der Friedefürst und die Friedensfürstin S. 73
Inhalt: Aufgelöst läuft Friederike von zu Hause weg. Es ist Heiligabend – und ihre Eltern haben wieder einmal miteinander gestritten. Tief enttäuscht und verletzt läuft Friederike zu ihrer besten Freundin Anna, wo sie den Abend und die Nacht verbringt und sich langsam beruhigt. Die Reaktion ihrer Tochter rüttelt die Eltern auf. Endlich ziehen sie Konsequenzen, damit Friede in ihre Familie einkehren kann.
Thema: Probleme beim Namen nennen und Streit ausräumen, damit Friede werden kann.
Lesezeit: 10 Minuten
Bibeltexte: Sprüche 17,1; 26,21; Jesaja 9,5

Der Weihnachtsbaum, der stank S. 79
Inhalt: Er hatte den Fehler begangen, den Weihnachtsbaum ohne seine Familie auszuwählen. Das war – gelinde gesagt – töricht

gewesen. Die vernichtenden Urteile über das immergrüne Exemplar trafen ihn tief, auch wenn sie nicht unberechtigt waren. Da entfaltete er seine ganze Kreativität, um den Baum doch noch zu retten – und seine Ehre.
Thema: Humorvolle Geschichte rund um einen Weihnachtsbaum.
Lesezeit: 13 Minuten
Bibeltexte: Lukas 2,10-12; Römer 8,32

Ein ganz besonderer Weihnachtsduft S. 85
Inhalt: Mit Gott und Kirche hat Heikes Vater bisher nichts anfangen können. Durch einen Kompromiss verpflichtet er sich jedoch, Weihnachten mal ganz anders als gewohnt zu verbringen und den Weihnachtsgottesdienst der Gemeinde zu besuchen, in die seine Tochter seit einiger Zeit geht. Ausgerechnet über das Lieblingsgericht seiner Kindheit – Grünkohl mit Pinkel – kommt er dort in ein Gespräch, das ihn zum Nachdenken anregt.
Thema: Durch einen Freund auf behutsame Weise den Sinn von Weihnachten entdecken.
Lesezeit: 16 Minuten
Bibeltexte: Lukas 15,24; Johannes 3,16; Titus 3,4-5a

Der Glasstern S. 91
Inhalt: Markus rutscht der Glasstern aus der Hand und fällt zu Boden. Was wird Mama zu der abgebrochenen Zacke sagen? Der Stern ist doch ein Erbstück ihrer Oma, an dem Mama so sehr hängt! Zutiefst erschrocken über sein Missgeschick legt Markus den Stern in den Karton zurück, um zu vertuschen, was er getan hat. Doch sein schlechtes Gewissen plagt ihn sogar an Heiligabend – bis er den Mut findet, Mama alles zu beichten.
Thema: Missgeschicke zugeben, bereuen und Vergebung erleben.
Lesezeit: 13 Minuten
Bibeltexte: Psalm 32,1-5; 51,3-6; Lukas 17,3

Emmas Weg aus der Einsamkeit S. 97
Inhalt: Sie kennt dieses schreckliche Gefühl namens Einsamkeit, das sie gerade jetzt wieder beschleicht. Der Weihnachtsgottesdienst ist vorbei und Emma steht als Letzte auf dem leeren Kirchplatz. Jetzt nur nicht auch noch in ihr leeres Haus zurückkehren. Emma wandert durch die Gassen und hört aus einem Obdachlosenheim Weih-

nachtslieder. Die ehemalige Musikerin kann die grauenhafte Klavierbegleitung nicht länger mit anhören. Sie betritt das Haus. Und dann feiert sie Weihnachten mit denen, die kein Zuhause haben.
Thema: Aktiv werden, um Einsamkeit zu überwinden.
Lesezeit: 12 Minuten
Bibeltexte: Psalm 25,16; 102,8

Das überraschende Weihnachtsgeschenk S. 103
Inhalt: Felix hat die Jungscharkasse gestohlen. Doch die Leiter der Jungschar haben es bemerkt und rennen dem Flüchtenden bis in die Kirche hinterher. Dort schmücken gerade zwei Frauen den Christbaum. Stockend erzählt Felix den Grund seines Diebstahls: Er möchte damit seiner Mutter ein besonderes Weihnachtsgeschenk kaufen. Genau das bekommt er überraschend gratis in der Kirche.
Thema: Helfen, wo Hilfe nötig ist.
Lesezeit: 11 Minuten
Bibeltexte: Apostelgeschichte 4,32-35; 11,27-30; 1. Korinther 16,1-3

Das Weihnachtswunder S. 109
Inhalt: Herr Hansen hat keine Lust auf Weihnachten. Ab dem 1. Januar wird er arbeitslos sein. Wie soll er nur seine Frau und das Baby versorgen? Mit dem Auto scheint auch etwas nicht zu stimmen. Da werden zusätzliche Kosten auf ihn zukommen. Und dann erlebt er mit diesem Auto sein Weihnachtswunder, als er gerade noch rechtzeitig aus dem qualmenden Wagen gerettet wird, der unmittelbar danach in Flammen aufgeht.
Thema: Mitten in Problemen Wunder Gottes erleben.
Lesezeit: 10 Minuten
Bibeltexte: Psalm 4,4; 72,18; Daniel 6,28

... und irrt ich im Dunkeln S. 113
Inhalt: Ein Weihnachtslied aus dem Radio im Seniorenheim weckt in Martha Weishaupt Erinnerungen an Krieg, Bombenkeller, ihren Ehemann, Sohn und ihre Freundin Gisi. Wo sind die alle? Geht es ihnen gut? Martha Weishaupt kann nicht mehr zwischen Vergangenheit und Gegenwart unterscheiden, kennt sich nicht mehr aus. Altbekannte Zeilen eines Gedichtes fallen ihr ein, die ihre Situation beschreiben.

Thema: Halt finden in dem, was man früher auswendig gelernt hat.
Lesezeit: 5 Minuten
Bibeltexte: 5. Mose 6,6-7; Psalm 119,11a

Der Weihnachtshase S. 115
Inhalt: Es klingelt an der Haustür. Ein Bote hält der überraschten Ehefrau einen toten Hasen entgegen. Ein Geschenk von Ludwig, einem befreundeten Förster. Also gibt es diese Weihnachten anstatt einer Weihnachtsgans einen Weihnachtshasen. An ihm erläutert der Vater seinen beiden Jungen, dass Weihnachten und Ostern zusammengehören.
Thema: Ohne Ostern ist Weihnachten sinnlos.
Lesezeit: 12 Minuten
Bibeltexte: Johannes 1,12; 3,16; 6,51; 1. Korinther 15,20; Galater 4,4

Die Engel vom Klavier S. 121
Inhalt: Anna kommt in den Semesterferien von England nach Hause, um im Familienkreis Weihnachten zu feiern. Beim Gang durch die Wohnung fällt ihr auf, dass etwas Wesentliches fehlt: die Engel, die traditionsgemäß auf dem Klavier stehen und alle den Mund weit zum Singen geöffnet haben. Weihnachten ohne Engel, nein, das geht gar nicht.
Thema: Die Engel singen Gott Loblieder, weil Jesus geboren worden ist.
Lesezeit: 7 Minuten
Bibeltext: Lukas 2,13-14

Die geklaute Weihnachtsfreude S. 125
Inhalt: Das hätte Hauptkommissar Weller nicht gedacht: Die jahrelang gesuchte Ladendiebin, die immer in der Adventszeit aktiv wurde, ist eine klapprige Dame über 80. Nun sitzt sie im Flur des Reviers und heult sich die Augen aus – nicht, weil sie erwischt worden ist, sondern weil sie in diesem Jahr die Kinder und Jugendlichen aus der Hochhaussiedlung nicht beschenken kann. Und ihre Rente reicht dafür nicht aus. Da bereitet der Hauptkommissar das „Projekt Weihnachtsoma" vor.
Thema: Gutes tun – aber nicht auf illegale Weise.
Lesezeit: 9 Minuten
Bibeltexte: 2. Mose 20,15; 2. Korinther 8,13-14; 9,12; Hebräer 13,16

Heimat für einen Nachmittag S. 129

Inhalt: Seitdem seine Mutter gestorben ist, hat er keine Heimat mehr. Und als Student ist er immer knapp bei Kasse. Da bekommt Franz an Heiligabend doch noch überraschend einen Job: Er darf den Ersatzweihnachtsmann beim festlichen Programm einer Initiative spielen, die sich um heimatlose Menschen kümmert. Ausgerechnet dort hört er von der Großmutter einer armenischen Familie, dass in der Krippe die Heimat für jeden Menschen liegt.

Thema: Gott gibt in Jesus allen Menschen eine Heimat. Wer darauf vertraut, ist zu Hause angekommen.

Lesezeit: 14 Minuten

Bibeltext: Psalm 84,2-5

Ein Adventskalender für Erwachsene

Monika Büchel

Spuren zur Krippe

Ein Adventskalender, der den Leser durch die Adventszeit begleitet und zur Krippe führt. Dabei nimmt er die Spuren auf, die bereits im Alten und später im Neuen Testament zu sehen sind, und folgt ihnen Schritt für Schritt zum Stall von Betlehem. Mit Gedanken zu den Bibelversen, Impulsen zum Nachdenken, Geschichten aus dem Leben, Zitaten, Bildbetrachtungen und praktischen Anregungen für die besinnliche Gestaltung der Vorweihnachtszeit.

Extra: Am Schluss des Buches sind zu jedem Tag das Thema, Bibelstellen sowie Gesprächsimpulse für die Verwendung in Gruppen angegeben.

Best.-Nr. 71613
9,95 €